STUDENT ACTIVITIES MANUAL

SEVENTH EDITION

SILVIA M. ABBIATI
ITHACA COLLEGE

JULIA M. COZZARELLI
ITHACA COLLEGE

HEINLE
CENGAGE Learning

Australia • Brazil • Japan • Korea • Mexico • Singapore • Spain • United Kingdom • United States

HEINLE
CENGAGE Learning™

Da capo: Student Activities Manual, Seventh Edition
Silvia Abbiati and Julia Cozzarelli

Publisher: Beth Kramer

Executive Editor: Lara Semones

Associate Development Editor: Catharine Thomson

Assistant Editor: Katie Latour

Editorial Assistant: Maria Colina

Senior Media Editor: Philip Lanza

Marketing Manager: Mary Jo Prinaris

Marketing Coordinator: Janine Enos

Marketing Communications Manager: Stacey Purviance

Content Project Manager: Tiffany Kayes

Art Director: Linda Jurras

Print Buyer: Elizabeth Donaghey

Senior Rights Acquisition Account Manager: Katie Huha

Text Researcher: Veruska Cantelli

Production Service/Compositor: Pre-Press PMG

Text Designer: Carol Maglitta/One Visual Mind

Photo Manager: Deanna Ettinger

Photo Researcher: Bill Smith Image Group

Cover Designer: Curio Press, LLC

Cover Image: Giorgio Fochesato/istock.com

For product information and technology assistance, contact us at
Cengage Learning Customer & Sales Support, 1-800-354-9706

For permission to use material from this text or product,
submit all requests online at **www.cengage.com/permissions**
Further permissions questions can be emailed to
permissionrequest@cengage.com

ISBN-13: 978-1-4282-9015-0

ISBN-10: 1-4282-9015-X

Heinle
20 Channel Center Street
Boston, MA 02210-1202
USA

Cengage Learning is a leading provider of customized learning solutions with office locations around the globe, including Singapore, the United Kingdom, Australia, Mexico, Brazil, and Japan. Locate your local office at **www.cengage.com/global**

Cengage Learning products are represented in Canada by Nelson Education, Ltd.

To learn more about Heinle, visit **www.cengage.com/heinle**

Purchase any of our products at your local college store or at our preferred online store **www.cengagebrain.com**

Printed in the United States of America
3 4 5 6 7   21 20 19 18 17

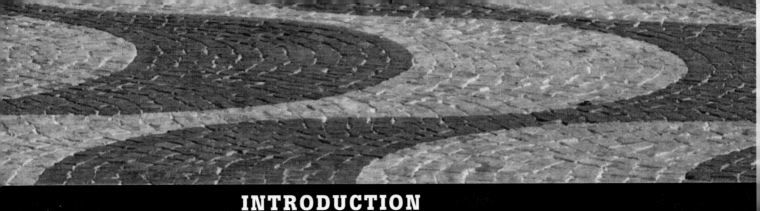

INTRODUCTION

The Student Activities Manual to accompany *Da capo,* **Seventh Edition**, has been significantly revised and updated for this edition. The Manual contains separate, complimentary workbook and laboratory components, with activities that reinforce and expand upon the content of the text in a well-rounded, contemporary manner. The purpose of the Manual is to build language skills through contextualized writing, reading, and listening activities, and to provide additional opportunities for grammar practice.

The Workbook

The Workbook consists of written exercises for the coordinating sections of the text, including each of the grammar elements, and a new video activity related to the cultural theme of the corresponding textbook chapter. Each Workbook chapter opens with a **Parole ed espressioni nuove** section that reviews the vocabulary from the **Vocabolario utile** section of the text. The **Struttura** section provides written grammar practice for each grammar point reviewed in the text chapter, and in the same order. The **Scriviamo e comunichiamo** section includes a written exercise based on the **Per comunicare** feature of the textbook, and a guided writing activity.

Each chapter concludes with **Viaggio in Italia**, an entirely new section consisting of a video activity linked to the cultural content of the chapter. The viewing of the video, accessible through the *Da capo* premium website, is followed by questions that check comprehension and encourage personalized responses.

The Workbook is an excellent way to reinforce vocabulary and grammar acquisition, and the writing exercises provide opportunities for creative expression and composition. The design of the Workbook is flexible and it can be used in a number of ways. The instructor may wish to assign selected exercises as the related material is covered in class. Alternatively, the Workbook can be used for review after the chapter has been completed. The video portion can either stand alone or be completed with the rest of the Workbook exercises. The flexible format of the Workbook allows instructors to choose individual sections for students to complete at home or as a class activity. Finally, the entire chapter can be assigned in order to reinforce the material in the most effective way. An answer key is provided to instructors through the *Da capo* website and students can be asked to self-correct if desired. Instructors, however, will need to correct the free response and guided writing activities.

The Laboratory Manual

The Laboratory Manual is designed for use with the *Da capo,* **Seventh Edition** Audio Program, also provided in MP3 format on the *Da capo* premium website. Students must listen to the accompanying audio in order to complete the exercises. The Lab Audio is not to be confused with the Text Audio, and instructors should clarify this for the students before they complete the first chapter. The Laboratory exercises reinforce listening and speaking skills, and strengthen retention of the chapter content. Each Laboratory chapter opens with a **Parole ed espressioni nuove** section that reviews the vocabulary presented in the corresponding chapter of the text.

The **Struttura** section, like its counterpart in the Workbook, provides additional practice of the grammar points presented. The **Per comunicare** section expands on the text element of the same name. Each Lab chapter concludes with the entirely new **Cantiamo!** section featuring a song, accessible through the *Da capo* premium website, that is tied to the cultural material of the chapter.

The Laboratory Manual, like the Workbook, is flexible. Instructors can assign portions of a chapter as the content is covered in class, while some might find it more effective to have the students complete the entire chapter at one time. This may work best if the Workbook exercises have been completed first. The **Cantiamo!** section may be assigned at the same time as the rest of the chapter, or it may be completed separately as homework or an in-class activity. Instructors can also ask students to self-correct with the answer key, if desired. An answer key and the lab audio script are available to instructors on the *Da capo* website.

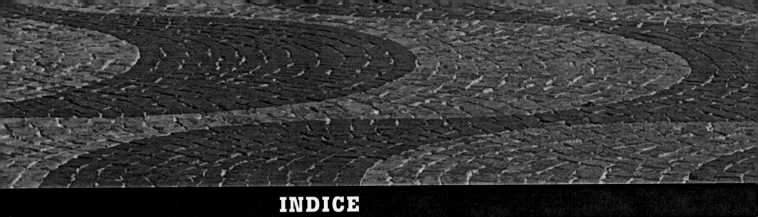

INDICE

Lab Manual

L'estate? È italiana.

PAROLE ED ESPRESSIONI NUOVE

A. Le vacanze. Come preferiscono passare il tempo libero queste persone? Scegliere la risposta corretta.

1. Maria ha sempre troppo freddo. In inverno, preferisce...
   a. sciare.
   b. andare in moto.
   c. vedere un film al cinema.

2. Tina adora il mare. Infatti, quest'estate vuole...
   a. andare in montagna con i genitori.
   b. andare in barca a vela con un amico.
   c. visitare Milano.

3. Tre studenti universitari studiano italiano negli Stati Uniti. Amano parlare di cultura italiana e decidono di...
   a. fondare un circolo italiano.
   b. fare una crociera.
   c. scendere in spiaggia.

4. Enrico ama la natura e ogni weekend va in montagna per...
   a. fare una passeggiata.
   b. visitare i musei.
   c. studiare in biblioteca.

5. L'agriturismo non è molto caro in...
   a. alta stagione.
   b. una città gettonata.
   c. bassa stagione.

B. Vanno d'accordo? Chiara e Roberto discutono al telefono. Completare il paragrafo con le seguenti parole ed espressioni. Fare le modifiche necessarie.

smettere	avere
essere giusto	avere voglia di
andare d'accordo	avere torto
circa	avere sonno
essere sbagliato	

Chiara sta per sposare Roberto, il suo fidanzato da tre anni. Parlano al telefonino ma non

_____.

«Roberto, perché non _____ di fumare? Sai che odio il fumo! Non _____ abitare in un appartamento che puzza.» «Chiara, questa idea _____! Io _____ 28 anni e sono adulto. E sai bene che fumo da _____ 15 anni.

Chiara, perché parli sempre con Giuseppe? Lui ti ama ancora. Questo non _____.»

«Roberto, tu _____! Io e Giuseppe siamo amici e basta. Senti, è tardi ed io _____. Vado a letto. Buona notte!»

STRUCTURA

(Esprimere l'azione nel presente)

■ I. *Indicativo presente*

A. I verbi regolari. Cosa dicono queste persone? Completare le frasi coniugando i verbi all'indicativo presente.

ESEMPIO   Io (mangiare) _____ gli spaghetti.
Io *mangio* gli spaghetti.

1. Io e i miei genitori (partire) _____ per le vacanze la prossima settimana.

2. Paola e Fausto (vedere) _____ un film al cinema ogni settimana.

3. Io (suonare) _____ il piano da cinque anni.

4. La lezione (cominciare) _____ alle dieci in punto e (finire) _____ a mezzogiorno.

5. Io (prendere) _____ un'aranciata. E voi, cosa (prendere) _____?

6. Oggi noi (restare) _____ a casa e (studiare) _____ per l'esame di italiano.

7. Tu (cantare) _____ molto bene.

8. (Pagare) _____ noi il conto!

9. La domenica io (dormire) _____ sempre fino a tardi.

10. Da quanto tempo voi (conoscere) _____ Elena?

B. I verbi irregolari. Cosa fanno queste persone? Completare le frasi coniugando i verbi all'indicativo presente.

ESEMPIO   Io / essere / entusiasta di questo corso.
Io sono entusiasta di questo corso.

1. Mario / avere / paura dei luoghi chiusi. Lui non / salire / mai sull'ascensore.

_____

2. Voi studenti / dovere / studiare molto se / volere / imparare!

_____

3. Elisa, / potere / giocare a carte?

_____

4. Io / andare / al cinema, ma non / sapere / il titolo del film.

_____

5. Gli studenti / tradurre / le frasi in italiano.

_____

6. Silvia ed io / uscire / stasera, ma Guido / rimanere / a casa.

_____

7. Carla, che cosa / bere / La Coca-Cola o il Chinotto?

_____

8. I ragazzi / venire / sempre al mare con noi.

_____

9. Noi / dire / «Pronto» quando / fare / una telefonata.

_____

10. Quando tu / essere / in vacanza, non / dare / gli esami!

_____

(Parlare di persone senza nominarle)

■ II. *Pronomi personali soggetto*

Nel tempo libero... Cosa fanno queste persone nel tempo libero? Inserire il pronome personale soggetto.

Oggi _____ vanno in moto. E _____, che cosa fai? Quando fa caldo, _____ fate il bagno al mare. A mia sorella piace leggere, ma _____ non leggo mai. I miei fratelli? _____ giocano a frisbee. Marco? _____ preferisce lo skateboard. E Giovanna? _____ scrive poesie.

(Identificare oggetti e persone)

■ III. *Nomi*

A. Maschile o femminile? Riscrivere i nomi dal maschile al femminile, o dal femminile al maschile, secondo gli esempi.

ESEMPI   studente *studentessa*
studentessa *studente*

1. professore _____

2. sorella _____

3. cantante _____

4. amica _____

5. autrice _____

6. collega _____

7. signore _____

8. farmacista _____

9. pittore _____

10. marito _____

11. attore _____

12. dottoressa _____

13. dentista _____

14. mamma _____

15. poeta _____

B. Uno o tanti? Riscrivere i nomi dal singolare al plurale, o dal plurale al singolare, secondo gli esempi.

ESEMPI   gatto   *gatti*
              gatti   *gatto*

1. caffè _____

2. madre _____

3. film _____

4. sorelle _____

5. laghi _____

6. uovo _____

7. moto _____

8. farmacie _____

9. biologo _____

10. tesi _____

11. cinema _____

12. pianisti _____

13. vacanza _____

14. dito _____

15. braccia _____

SCRIVIAMO E COMUNICHIAMO!

Per comunicare

Al telefono. Paola telefona a Fausto per invitarlo ad andare a vedere una mostra sui pittori italiani del Novecento. Completare il dialogo con le seguenti parole ed espressioni.

va bene	che ne dici di andare
ti va di	pronto
ci sentiamo, allora	l'avessi saputo prima
con piacere	a che ora ci vediamo
mi dispiace	

PAOLA: _____, Fausto? Ciao, sono Paola, come stai?

FAUSTO: Bene, e tu?

PAOLA: Non c'è male! Senti, domani pomeriggio vado con alcuni amici a vedere una mostra sui pittori italiani del Novecento. _____ venire con noi?

FAUSTO: Domani pomeriggio? Oh no, _____, sono impegnato con mio cugino. _____... Però sono libero sabato pomeriggio. _____ al cinema insieme?

PAOLA: _____! Possiamo incontrarci in centro, davanti al solito bar _____? Io sono libera dalle tre in poi.

FAUSTO: _____, allora ci vediamo alle tre al solito posto. Comunque ti richiamo venerdì pomeriggio per confermare.

PAOLA: Perfetto. _____. Ciao Fausto, a presto!

FAUSTO: Ciao Paola!

▦ Ora scrivi tu!

La famiglia Alighieri. In questo capitolo hai imparato quali sono alcuni dei passatempi degli Italiani. Abbiamo anche parlato delle ferie e delle vacanze in Italia. Ecco una foto della famiglia Alighieri in vacanza! Chi sono e che cosa fanno? Scrivi un paragrafo di circa 50 parole. Usa l'indicativo presente.

_____

_____

_____

_____

_____

_____

_____

_____

🌐 *Viaggio In Italia*

Le vacanze

Il tema di questo capitolo sono le ferie e i passatempi delle vacanze. Guarda il video sul sito web **www.cengage.com/login** in cui alcune persone italiane parlano delle loro vacanze.

A. Vocabolario. After watching the video clip, choose the correct response.

1. Per sapere che tempo fa domani, guardo _____ del tempo alla TV.
   a. un film
   b. le previsioni
   c. un videogioco

2. Per navigare sui canali di Venezia non puoi andare in autobus! Devi prendere un _____.
   a. treno
   b. aeroplano
   c. traghetto

3. Un'altra parola per «autobus» è _____.
   a. pullman
   b. bicicletta
   c. gondola

4. Quando mi fermo in un posto, faccio _____.
   a. bel tempo
   b. sosta
   c. un viaggio

5. Quest'estate non faccio le vacanze in Italia. Vado _____.
   a. all'estero
   b. sulla Luna
   c. in Sicilia

B. Comprensione. Read the following questions, then watch the video segment and write a brief reply in Italian.

1. Il primo ragazzo che vedi nel video si chiama Marco e ci accompagna in giro per l'Italia in ogni capitolo. Che cosa dice Marco del tempo? _____

2. Che cosa dicono le previsioni del tempo verso ovest? _____

3. Dove va Marco? _____

4. Le persone intervistate nel video parlano delle loro vacanze. Quali nomi geografici sono menzionati? Sottolinea *(underline)* quelli che senti.

   Venezia Roma Turchia Brindisi Canada Inghilterra Padova Orvieto
   Germania Parigi Sardegna Islanda Spagna Baleari Tunisia India

5. Quali di questi posti sono in Italia? _____

6. Viaggia da sola la donna con gli occhiali? _____

7. Con chi è andato in vacanza il ragazzo che è stato in Sardegna?

   _____

8. Quanto tempo hanno passato in Sardegna? _____

C. Interpretazione. Watch the video once more, and focus on one of the speakers. What kinds of activities does this person like to do while on vacation? What kind of job do you think the speaker might have? What about his/her hobbies? Reply briefly in Italian.

_____

_____

_____

D. Cultura. Reply briefly in Italian.

1. Molti Italiani preferiscono fare le vacanze in Italia. Se vanno all'estero, di solito visitano i paesi del Mediterraneo. Quali sono i luoghi preferiti per le vacanze nel tuo paese? Spiega.

   _____

   _____

2. In Italia molta gente ama le vacanze culturali. E tu? Ti piace questo tipo di vacanza? Perché?

   _____

   _____

E. Attività. You and your new friend Marco are planning a road trip in Italy with his Mini Cooper. When will you go and how long will you stay? Write an itinerary in Italian describing the places you will visit and the things you plan to do.

_____

_____

_____

_____

_____

_____

_____

_____

Ti ricordi? Adesso e prima.

2

Capitolo

PAROLE ED ESPRESSIONI NUOVE

A. I giovani italiani. I giovani di oggi hanno diversi interessi. Abbinare le parole della colonna di sinistra con le definizioni della colonna di destra.

_____ 1. il calcio
_____ 2. sposarsi
_____ 3. il luogo di ritrovo
_____ 4. allegro
_____ 5. andare a piedi
_____ 6. solitario
_____ 7. SMS
_____ 8. la ripetizione
_____ 9. l'infanzia
_____ 10. un prepotente

a. contento
b. una persona che non ama la compagnia
c. una persona arrogante ed egoista
d. camminare
e. un posto per incontrarsi
f. lo scrivi con il telefonino
g. essere bambini
h. uno sport molto comune in Italia
i. unirsi in matrimonio
j. una lezione privata

B. Istruito o educato? Scegliere la parola che completa meglio la frase.

1. È una bella giornata oggi. Che cosa ti (metti / vesti)?

2. Ieri sera mi sono (svegliato / addormentato) tardi.

3. Che bello (fare una passeggiata / portare a spasso) il cane!

4. Quante cose sa Enrico! È molto (educato / istruito).

5. Spero di (vivere / abitare) a lungo.

STRUTTURA

> ### Parlare di eventi passati

▇ I. *Imperfetto*

Le cose che accadono oggi accadevano anche nel passato! Riscrivere le frasi, cambiando i verbi dal presente all'imperfetto.

ESEMPIO   Bevo l'acqua minerale ogni giorno.
Bevevo l'acqua minerale ogni giorno.

1. Gli studenti parlano sempre al telefonino.

   _____

2. Abbiamo degli amici allegri.

   _____

3. Andate molto in palestra?

   _____

4. C'è un messaggio per te.

   _____

5. Luigi legge mentre Francesca guarda la televisione.

   _____

6. Il tempo è bellissimo!

   _____

7. Gioco a scacchi ogni sabato.

   _____

8. Vieni spesso a trovarmi in Italia.

   _____

9. Sono tre anni che suono il pianoforte.

   _____

10. Dice che vuole comprare una bambola.

   _____

Identificare oggetti e persone

■ II. *Aggettivi*

A. **Il genere degli aggettivi.** Riscrivere i nomi e gli aggettivi dal maschile al femminile, o dal femminile al maschile.

ESEMPI studente attento *studentessa attenta*

studentessa attenta *studente attento*

1. ragazzo intelligente _____

2. moglie simpatica _____

3. donna ottimista _____

4. zio stanco _____

5. mamma giovane _____

6. bambino contento _____

7. signora antipatica _____

8. professoressa nuova _____

9. ragazza ricca _____

10. nonno felice _____

B. Uno o tanti? Riscrivere i nomi e gli aggettivi dal singolare al plurale, o dal plurale al singolare.

ESEMPI gatto affettuoso   *gatti affettuosi*
     gatti affettuosi   *gatto affettuoso*

1. lungo lago _____

2. zio gentile _____

3. vestiti blu _____

4. uomini egoisti _____

5. orologio vecchio _____

6. parchi immensi _____

7. uovo sodo _____

8. università straniera _____

9. braccio rotto _____

10. catalogo turistico _____

■ III. *Articolo indeterminativo*

A. Il dottor Marino. Chi è? Inserire la forma corretta dell'articolo indeterminativo. Scrivere una *X* quando l'articolo non è necessario.

Il dottor Marino è _____ psicologo molto bravo. Ha _____ famiglia molto grande e anche _____ cane che si chiama «Fido». Sua figlia ha _____ amica italiana che da grande vuole diventare _____ psicologa.

B. Mio marito. Com'è? Inserire la forma corretta di *buono* o *nessuno*.

Mario è un _____ marito. Il sabato fa sempre dei _____ ravioli per me! Oggi è il mio compleanno ma non ho _____ voglia di uscire. Preferisco stare a casa con Mario e mangiare una _____ torta. Lui non ama _____ altra donna; ama solo me.

(**Contare**)

■ IV. *Numeri cardinali*

Quanto costa? Qual è e quanto costa l'ultima cosa che hai comprato con grande soddisfazione? Alcune persone rispondono. Scrivere il prezzo dei seguenti articoli.

ESEMPIO   Una scatola di cioccolatini
       €12,50 *dodici euro e cinquanta centesimi*

1. Una vacanza ai tropici per due persone

   €3.500,00 _____

2. Un caffè

   €1,70 _____

3. Il dizionario d'italiano

   €75,99 _____

4. Un appartamento in città

   €390.000,00 _____

5. Un telefonino con macchina fotografica digitale

   €250,00 _____

6. Un pacchetto di caramelle

   €1,50 _____

7. Un nuovo mouse per il mio computer

   €39,99 _____

8. Uno stereo

   €150,00 _____

9. Una villa in Toscana

   €1.500.000,00 _____

10. Un biglietto della lotteria

    €1,00 _____

11. E tu, cosa vuoi comprare? Quanto costa?

    _____

Parlare del tempo

▪ V. *Il tempo*

Che tempo fa? Ecco cinque disegni. Scrivere una frase che descrive il tempo.

1. _____

   _____

2. _____

_____

3. _____

_____

4. _____

_____

5. _____

_____

SCRIVIAMO E COMUNICHIAMO!

 (**Per comunicare**)

La macchina «nuova». Marco incontra Stefano, che recentemente ha comprato una macchina usata. Completare il dialogo con le seguenti parole ed espressioni.

vuoi dire che   mi spiego
correggimi se sbaglio, ma mi hanno detto che
dai, racconta   a dir la verità
veramente   stai scherzando

MARCO: Ciao Stefano! _____ hai comprato una macchina nuova!
          _____!

STEFANO: Sì, è vero, ho comprato una macchina.
          Ma, _____, non è proprio nuova!

MARCO: _____ è usata?

STEFANO: Sì! _____: volevo comprare una macchina nuova, ma quella
          che mi piaceva costava 20.000 euro!

MARCO: _____! Era davvero molto cara.

STEFANO: Infatti. Non avevo abbastanza soldi, allora ho deciso di comprare una macchina usata.
          L'ho pagata circa 10.000 euro. E stasera esco con Giovanna, la mia ragazza!

MARCO: _____ la tua ragazza non si chiamava Gabriella?

STEFANO: _____ sì, ma non stiamo più insieme. Ora ho una nuova
          ragazza. Ciao Marco, devo andare a lezione.

MARCO: Ciao Stefano, a presto!

■ Ora scrivi tu!

Da bambino/a... In questo capitolo hai imparato a parlare del passato. Hai anche letto dell'infanzia e dei ricordi di diverse persone. Ora scrivi tu della tua infanzia. Com'eri? Com'era la tua famiglia? Dove abitavi? Che cosa preferivi fare? Usa l'imperfetto e scrivi un paragrafo di almeno 50 parole.

_____

_____

_____

_____

_____

_____

_____

Viaggio In Italia

Che tempo fa?

I nostri passatempi sono influenzati anche dal tempo, e ognuno di noi ha delle preferenze riguardo alle stagioni e al tempo che le caratterizza. Guarda il video sul sito web **www.cengage .com/login** e scopri le preferenze di alcuni giovani italiani.

A. Vocabolario. After watching the video clip, complete the sentence with the correct word from the list below.

fiori
inutile
freddolosa
maglione
non bastano
imprevedibile

1. Una persona che soffre molto il freddo è _____.

2. Una cosa che non ha nessuna utilità è superflua, è _____.

3. In inverno _____ i sandali, non sono sufficienti.

4. In primavera i prati *(meadows)* sono coperti di _____.

5. In questi giorni il tempo è _____. Il meteorologo ha detto «Oggi tempo sereno» e invece piove!

6. Quando ho freddo e non voglio mettere la giacca, metto un _____.

B. Comprensione. Read the following questions, then watch the video segment and write a brief reply in Italian.

1. Quale stagione preferisce Marco? Perché?

   _____

2. Secondo Marco, in quale periodo è molto bella Roma? Perché?

   _____

3. Dove va Marco per trovare la neve?

   _____

4. Quale stagione è inutile per Marco? Perché?

   _____

5. Quale stagione preferisce la ragazza? Perché alla ragazza non piace l'inverno?

   _____

6. Perché il ragazzo dice che non ci sono più le stagioni?

   _____

7. Perché Marco ama molto anche l'inverno?

   _____

8. Che tempo fa adesso a Firenze?

   _____

C. Interpretazione. Watch the video once more, and focus on Marco. How do you think Marco feels about snow? In your answer, include the words or expressions that support your opinion. What do you think he does in the winter? Reply briefly in Italian.

   _____

   _____

   _____

   _____

D. Cultura. Reply briefly in Italian.

1. Per visitare le città italiane, la stagione migliore è la primavera. In estate fa troppo caldo, in autunno piove molto, e in inverno fa freddo. Qual è la stagione migliore per visitare la tua città? Che tempo fa in quella stagione? Spiega.

_____

_____

_____

2. E tu? Quale tempo preferisci? Perché?

_____

_____

E. Attività. You and a friend would like to participate in an outdoor activity, but you have very different tastes. Write a dialogue in Italian in which each of you suggests an activity you feel strongly about. Can you come to an agreement or will your friendship fall apart? Use weather expressions to support your suggestions.

_____

_____

_____

_____

_____

_____

_____

_____

_____

Che prezzi!

PAROLE ED ESPRESSIONI NUOVE

A. Un regalo per Matteo. Laura scrive un'e-mail alla sorella. Le racconta che lo scorso weekend è andata in centro a cercare un regalo per un collega che si sposa. Completare il brano con le seguenti parole.

grande magazzino	ditta
risparmiare	sconto
prezzo	acquisti
negozi	saldi

Cara Elena,

Come va? Come hai passato il weekend? Io sono andata in centro a fare acquisti con Francesca.

Come sai, io e Francesca lavoriamo per la stessa _____. Il prossimo mese, il nostro

collega e caro amico Matteo si sposa, ed io e Francesca siamo state invitate al matrimonio.

Dobbiamo assolutamente fargli un regalo bellissimo! Sabato scorso siamo uscite per fare

_____. Nel nostro quartiere non ci sono _____ dove poter comprare

qualcosa di originale, così abbiamo deciso di andare in un _____ in centro.

Abbiamo trovato un servizio di bicchieri di cristallo. Era bello, ma il _____ era

un po' alto. Abbiamo chiesto se era possibile avere uno _____, ma purtroppo non

siamo in periodo di _____ e il commesso non ha potuto fare niente. Però era così

bello che abbiamo deciso di metterci a _____ e di comprarlo lo stesso. Matteo sarà

felicissimo!

Scrivimi presto! Ciao,

Laura

B. Qual è la parola giusta? Scegliere la parola che completa meglio la frase.

1. Quando vai in biblioteca (ritorna questo libro / restituisci questo libro).

2. Se non hai capito (alza la mano / aumenta la mano).

3. Ho (chiesto / domandato) un favore alla mia amica.

4. Partiamo venerdì sera e (ritorniamo / restituiamo) domenica.

5. Non sono ancora le otto e la mamma (si alza / è alzata) da due ore.

6. Non hanno (chiesto / fatto) molte domande.

STRUTTURA

(Parlare di eventi del passato)

■ I. *Passato prossimo*

A. Quanti acquisti! Lo scorso weekend c'erano molte persone al centro commerciale! Inserire la forma corretta di *avere* o *essere* e dare la terminazione corretta del participio.

1. Luisa, dove _____ trovat _____ quel bel vestito?

2. Io non _____ comprat _____ niente da Versace.

3. Gli studenti _____ rimast _____ al centro commerciale.

4. La mia amica è stanca perché _____ camminat _____ troppo.

5. Questi pantaloni _____ costat _____ molto!

6. Mamma, _____ portat _____ la carta di credito?

7. Noi _____ vist _____ un abito stupendo.

8. Carla _____ salit _____ al quinto piano in ascensore.

B. Da oggi a ieri... Marco descrive una sua giornata. Riscrivere il paragrafo sostituendo al presente il passato. Usare il *passato prossimo*.

Oggi esco con la mia amica Mirella. Lei viene da me e poi andiamo a fare acquisti in centro. Mi alzo e mi lavo. Mi vesto e mi metto i jeans ed una maglietta. Quando Mirella arriva, beviamo qualcosa insieme e poi usciamo. La sera ceniamo con i miei genitori. Loro si divertono molto e non smettono mai di parlare. «Prendi il pane? Cominci a mangiare?» chiede mia madre. Rimango a casa loro fino alle dieci. Torno a casa, accendo la luce, rispondo al telefono, e finalmente vado a letto. E tu, cosa fai? Dove andate tu e i tuoi amici?

Ieri _____

_____

_____

_____

_____

_____

_____

_____

_____

_____

Identificare persone e cose

II. *Articolo determinativo*

A. Un professore? No, IL professore! Inserire la forma corretta dell'articolo determinativo.

1. ____ studente
2. ____ bambini
3. ____ università
4. ____ casa
5. ____ vocabolario

6. ____ alberi
7. ____ psichiatra
8. ____ ragazze
9. ____ arance
10. ____ stato

B. Le preposizioni semplici. La signora Alocci è alla fermata dell'autobus e ascolta le persone che parlano. Che cosa dicono? Inserire la forma corretta della preposizione semplice.

1. Il libro è scritto _____ italiano.

2. Vengo _____ Italia ogni estate.

3. La giacca è _____ Carlo.

4. Preferisco andare _____ montagna.

5. Quando vai _____ teatro?

6. La domenica i miei genitori vanno sempre _____ chiesa.

7. Mio fratello non mette mai piede _____ cucina.

8. Stasera ci troviamo _____ Mario.

C. Le preposizioni articolate. Al bar le persone parlano sempre molto. Cosa dicono? Inserire la preposizione articolata corretta.

ESEMPIO Ecco (di) il caffè.
Ecco del caffè.

1. Vai (in) l'Italia centrale?

_____

2. La pelletteria è (davanti a) il mercato.

_____

3. Hanno annunciato i saldi (a) la radio.

_____

4. (Su) gli aeroplani c'è sempre tanta gente.

_____

5. Spendo troppo quando vado (in) i negozi di moda.

_____

6. Il supermercato è (lontano da) le case.

_____

7. Vuoi la borsa (invece di) i jeans?

_____

8. Hai comprato una macchina che va a 250 chilometri (a) l'ora.

_____

III. *Bello e quello*

Com'è bello il matrimonio! Raffaella si è sposata recentemente e racconta a tutti di suo marito. Inserire la forma corretta di *bello* o *quello*.

Mio marito è un _____ uomo. Si veste sempre bene. Vedi _____

giacca e _____ scarpe? Come sono _____ i suoi vestiti! Inoltre, lui ha

sempre dei _____ capelli. E le sue mani? Sono davvero _____! E guarda

che _____ occhi! Lui è uno di _____ uomini che piacciono a tutte.

Come sono fortunata!

(**Fare domande**)

IV. *Interrogativi*

Molte domande. Daniele è molto curioso! Stasera è ad una festa e fa domande a tutti. Qual è la domanda? Leggere la risposta e creare una domanda usando un interrogativo.

ESEMPIO   Sto bene.
             Come stai?

1. È mio fratello.

_____

2. Ceniamo alle sette.

_____

3. Abita in Toscana.

_____

4. Perché c'era molto traffico.

_____

5. Leggiamo *La Divina Commedia* e *Il Decameron*.

_____

6. Abbiamo comprato sette golfini.

_____

7. Vado in centro in macchina.

_____

8. Il «Salvagente» è un grosso centro commerciale.

_____

Espressioni di tempo e dire l'ora

■ V. *L'ora*

Che ore sono? Scrivere l'ora usando una frase completa.

ESEMPIO   *Sono le sette e venti di sera / di mattina.*

1. _____

2. _____

3. _____

4. _____

5. _____

6. _____

7. _____

8. _____

9. _____

10. _____

■ VI. *Giorni, stagioni, mesi, anni*

Il tempo passa... Completare le frasi con la parola corretta.

1. Nevica e fa molto freddo in _____.

2. L'America è stata scoperta _____ 1492.

3. Il giorno prima di domenica è _____.

4. L'ultimo mese dell'anno è _____.

5. I miei amici si sposano il (9)_____ maggio.

6. _____ 1929 è stato un anno molto difficile.

7. Ho frequentato l'università _____ 2003 _____ 2008.

8. Lavoriamo dalle nove _____ mattina alle cinque _____ pomeriggio.

9. Ho visto Paolo due giorni _____.

10. Il film è durato _____ due _____ quattro.

11. Il (1)_____ gennaio faremo una grande festa.

12. Che bello, partiamo _____ due giorni!

SCRIVIAMO E COMUNICHIAMO!

Per comunicare

Mi fa lo sconto? Anna entra in un negozio di abbigliamento per comprare un golfino per il suo ragazzo. Completare il dialogo con le seguenti parole ed espressioni.

mi piace	avrebbe per caso
vorrei vedere	mi fa lo sconto
lo prendo	quanto costa
desidera	non è proprio quello che cercavo

COMMESSA: Buongiorno, signorina. _____?

ANNA: Buongiorno. _____ un golfino da uomo.

_____ un golfino di cotone blu?

COMMESSA: Certo, ne abbiamo diversi. Ora gliene mostro uno. Ecco. Le piace questo?

ANNA: Mah, _____. Me ne fa vedere un altro?

COMMESSA: Ecco, questo è un modello nuovo. Le piace?

ANNA: Sì, _____. _____?

COMMESSA: Costa 70 euro.

ANNA: È un pò caro, ma è proprio bello. _____?

COMMESSA: Va bene, posso farle cinque euro di sconto.

ANNA: Perfetto, allora _____. Grazie. Arrivederci.

COMMESSA: Arrivederci!

▓ Ora scrivi tu!

Io e la moda. In questo capitolo hai imparato le espressioni da usare per parlare dei vestiti e della moda. Per te è importante la moda? Preferisci i vestiti sportivi o eleganti? Dove compri di solito i tuoi vestiti? Scrivi un paragrafo di almeno 50 parole.

_____

_____

_____

_____

_____

_____

_____

Viaggio In Italia

Quanto costa?

Shopping, che passione! In Italia fare acquisti piace a tutti. Guarda il video sul sito web **www.cengage.com/login** e scopri cosa compra Marco.

A. Vocabolario. After watching the video clip, choose the correct response.

1. Un'altra parola per T-shirt è _____.
   a. giacca
   b. impermeabile
   c. maglietta

2. Non posso mettere la _____ per andare in ufficio, è troppo sportiva! Metto il maglione.
   a. felpa
   b. gonna
   c. cravatta

3. Di giorno il blu del cielo è _____ e di notte è _____.
   a. chiaro / scuro
   b. verde / rosso
   c. stellato / illuminato dal sole

4. La bandiera americana ha stelle e _____.
    a. pianeti
    b. strisce
    c. triangoli

5. Un'altra parola per «linea» è _____.
    a. cerchio
    b. quadretto
    c. riga

6. Che fortuna, spendo poco! Questa camicia _____.
    a. è molto costosa
    b. è in saldo
    c. non è economica

B. Comprensione. Read the following questions, then watch the video segment and write a brief reply in Italian.

1. Perché Marco vuole fare shopping?

   _____

2. È aperto tutto il giorno il negozio? Perché?

   _____

3. In quali giorni è chiuso il negozio?

   _____

4. A quali persone interessano le marche *(brands)* che vende il negozio?
    a. Agli adulti che hanno più di 40 anni.
    b. Ai bambini dai nove ai tredici anni.
    c. Ai giovani dai 14 ai 30 anni.

5. Che cosa decide di comprare Marco?

   _____

6. Quanto spende Marco?

   _____

7. Come paga?

   _____

C. Interpretazione. Watch the video once more, focusing on Marco while he examines the merchandise. Pay particular attention to his intonation and body language. What do you think is his opinion of each item? Write a brief reply in Italian.

_____

_____

_____

D. Cultura. Reply briefly in Italian.

1. Secondo te, come sono i prezzi in questo negozio? Sono prezzi simili a quelli del tuo paese?

   _____

   _____

2. In Italia gli outlet sono in aumento. Qui si possono comprare gli articoli di marca a prezzi più convenienti. Sono diffusi anche nel tuo paese gli outlet? Ci vai spesso?

   _____

   _____

E. Attività. Choose one of the items that you saw in the video and negotiate the price with the salesman in Italian. In your dialogue include a description of the item, the rationale for the price you are willing to pay, and your method of payment if you buy the item.

_____

_____

_____

_____

_____

_____

4

In quale zona vivi?

PAROLE ED ESPRESSIONI NUOVE

A. Scopri la parola! Mettere in ordine le lettere tra parentesi per trovare la parola nascosta che corrisponde alla definizione.

ESEMPIO   Una persona che conosco (enctocsone)

<u>c</u> <u>o</u> <u>n</u> <u>o</u> <u>s</u> <u>c</u> <u>e</u> <u>n</u> <u>t</u> <u>e</u>

1. Una parte della città (iarueteqr)

___ ___ ___ ___ ___ ___ ___ ___ ___

2. Un appartamento molto piccolo (laoclomeno)

___ ___ ___ ___ ___ ___ ___ ___ ___ ___

3. Ufficio (outdsi)

___ ___ ___ ___ ___ ___

4. Casa (eanobitzai)

___ ___ ___ ___ ___ ___ ___ ___ ___ ___

5. Parlare (efra ued ecaihcihecr)

___ ___ ___ ___ ___   ___ ___ ___

___ ___ ___ ___ ___ ___ ___ ___ ___

6. Fuori città (ni rpefairei)

___ ___   ___ ___ ___ ___ ___ ___ ___ ___ ___

7. Una costruzione, un palazzo (ioifeicd)

___ ___ ___ ___ ___ ___ ___ ___

8. Serve per gli studenti (modtioroir)

___ ___ ___ ___ ___ ___ ___ ___ ___ ___

B. Il monologo di Chicco. Chicco parla sempre molto. Non lascia parlare nessun altro, e i suoi dialoghi assomigliano a dei monologhi! Adesso parla con un amico all'università. Scegliere la parola che completa meglio la frase.

1. Per piacere, mi (dici / racconti) che ore sono?

2. Ho perso l'orologio. Non riesco a (vederlo / trovarlo).

3. Alle quattro, (dimenticami / ricordami) di telefonare alla mia ragazza.

4. La (so / conosco) da sei mesi.

5. Vorremmo prendere (in affitto / a nolo) un appartamento insieme vicino all'università.

6. Mi piace molto la mia ragazza. È intelligente, simpatica e (sa / conosce) suonare la chitarra benissimo.

7. È anche molto spiritosa e (dice / racconta) spesso barzellette.

8. Devo telefonarle per metterci d'accordo per stasera. Andiamo al cinema a (trovare / vedere) un film italiano. Vuoi venire con noi?

STRUTTURA

Narrare al passato

■ I. *Passato prossimo e imperfetto*

Una settimana di vacanza (terribile). L'estate scorsa, Ugo ha passato una settimana di vacanza con gli amici. Completare il brano coniugando i verbi indicati al passato prossimo o all'imperfetto.

L'estate scorsa, io e i miei amici (passare) _____ una settimana in montagna. (noi/partire) _____ il 12 agosto e (tornare) _____ il 19. (noi/essere) _____ sulle Alpi. Che meraviglia le Alpi! Il tempo (essere) _____ bellissimo. C'(essere) _____ il sole ogni giorno e (fare) _____ caldo. La sera, però, (fare) _____ freddo, e gli sbalzi di temperatura mi (fare) _____ venire il raffreddore! Quando (io/partire) _____ (io/essere) _____ molto contento, ma ben presto (io/capire) _____ che quella vacanza non (essere) _____ la cosa migliore per me! Ogni giorno i miei amici (volere) _____ alzarsi presto, ma a me, la mattina, piace dormire. (noi/uscire) _____ di casa prima delle nove e (andare) _____ a fare una camminata. A me piace camminare, ma non in salita! Una volta, poi, i miei amici (decidere) _____ di passare la notte all'aperto, così (partire) _____ con la tenda[1]. (io/essere) _____ molto emozionato, perché per la prima volta in vita mia (potere) _____ passare una notte in tenda. Alla sera, il mio amico Giorgio (accendere) _____ un fuoco e (cucinare) _____ salsicce e polenta. Dopo cena, Enrico (suonare) _____ la chitarra e noi (cantare) _____ tutti insieme. Tutti (essere) _____ contenti. Poi, però, (cominciare) _____ nuovi problemi per me. I lupi (ululare) _____ e io (avere) _____ troppa paura per dormire. A mezzanotte (piovere) _____ e l'acqua (entrare) _____ nella tenda. (io/sentire) _____ dei rumori strani, e (pensare) _____ che fosse un orso o il bigfoot! In più, il mio compagno di tenda (russare) _____ .

Quella notte (essere) _____ davvero terribile! Non (io/dormire) _____ per niente. La mattina, Gabriella e Paola (preparare) _____ un'ottima colazione, e poi io ed Enrico _____ (smontare) le tende e (ripartire) _____ .

Ogni giorno io e i miei amici (fare) _____ qualcosa di diverso. (io/divertirsi) _____ sempre molto con i miei amici, ma dopo questa vacanza (decidere) _____ che la prossima estate vado al mare in albergo!

[1]tent

Parlare di cose o persone senza nominarle

▪ II. *Pronomi personali (oggetto diretto)*

Anna è andata a trovare la sua amica Francesca. Parlano della casa al mare che Anna e suo marito vogliono comprare. Riscrivere la frase sostituendo un pronome oggetto diretto.

ESEMPIO Vedo *la casa*.
   La vedo.

1. Compriamo *una casa al mare*.

   _____

2. Ecco *le lettere dall'agente immobiliare*!

   _____

3. Devi invitare *noi* nell'appartamento nuovo.

   _____

4. L'agente chiama *voi due* stamattina.

   _____

5. Voleva offrire *un appartamento ammobiliato*.

   _____

6. Non accettano *i cani*!

   _____

7. Consiglio *te* quando vuoi.

   _____

8. Non vuoi portare *me* a vedere l'appartamento?

   _____

▪ III. *L'accordo del participio passato*

Cose da fare e cose già fatte. Riscrivere le seguenti frasi dal presente al passato prossimo facendo le modifiche necessarie.

ESEMPIO La vedo.
   L'ho vista.

1. Li studia ogni sera.

   _____

2. Le portiamo a casa.

   _____

3. Devi comprarle.

_____

4. Mi capiscono?

_____

5. Ci invitano alla festa.

_____

6. La comprate per l'appartamento?

_____

(**Negare e contraddire**)

■ IV. *Negativi*

Che persona incoerente! Domenico è incoerente e inaffidabile. Dice una cosa, e poi dice subito il contrario. Nessuno gli crede più. Riscrivere le seguenti frasi utilizzando le espressioni negative indicate tra parentesi.

ESEMPIO   Alla festa c'era anche Lucia. (neanche)
                Alla festa non c'era neanche Lucia.

1. Vedo i miei amici sempre. (mai)

_____

2. Luca ha mangiato tutto. (niente)

_____

3. È venuta anche Giovanna. (nemmeno)

_____

4. Ho comprato sia la pasta, sia il sugo. (né, né)

_____

5. Vedo tutti. (nessuno)

_____

6. Sono le otto di sera e abbiamo già mangiato. (non ancora)

_____

7. Ho molto sonno stasera. (affatto)

_____

8. Vado ancora in palestra. (più)

_____

Indicare proprietà

■ V. *Aggettivi e pronomi possessivi*

Il mio o il tuo? Inserire la forma corretta dell'aggettivo o del pronome possessivo con l'articolo determinativo quando è necessario.

ESEMPIO   Carlo parla con _____ professore.
           Carlo parla con _____*il suo*_____ professore.

1. Maria vede _____ fratello.

2. Alberto e Riccardo invitano _____ amici.

3. Sono di Maria questi quadri? Sono _____?

4. Io telefono a _____ madre.

5. Noi incontriamo _____ cugini allo zoo.

6. Voi due, ecco _____ matite!

7. — Fausto, è questa _____ casa?

   — No, _____ è quella!

8. Giovannina abita con _____ ragazzo.

 SCRIVIAMO E COMUNICHIAMO!

Per comunicare

Cosa devo dire? Michael è un ragazzo americano che è appena arrivato in Italia. Ha studiato italiano negli Stati Uniti, ma non si ricorda alcune espressioni comunemente usate. Michael chiede consiglio al suo amico Franco. Usa le espressioni alla fine del Capitolo 4 del testo.

MICHAEL: Aiutami! Cosa devo dire il 25 dicembre a mia zia Dede?
FRANCO: Alla zia Dede devi dire Buon Natale!
MICHAEL: ... e al mio amico Marco che compie 21 anni?
FRANCO: _____
MICHAEL: ... e a mia cugina Paola che è malata?
FRANCO: _____
MICHAEL: ... e il 31 dicembre a mio cugino Davide?
FRANCO: _____
MICHAEL: ... e alla mia vicina di casa Emanuela a cui è morto il nonno?
FRANCO: _____
MICHAEL: ... e al mio compagno di classe Luca che ha passato l'esame?
FRANCO: _____
MICHAEL: ... e a mio cugino Matteo che si sposa il prossimo mese?
FRANCO: _____
MICHAEL: ... e ai miei zii che celebrano 25 anni di matrimonio?
FRANCO: _____
MICHAEL: Grazie!!!

▧ Ora scrivi tu!

Una casa indimenticabile. In questo capitolo hai imparato a parlare delle case e dei quartieri dove abita la gente. Hai mai visto una casa che ti ha colpito *(impressed you)* particolarmente? Descrivi una casa di cui hai dei ricordi vividi. Scrivi un paragrafo di almeno 50 parole ed usa i verbi al passato prossimo e all'imperfetto.

_____

_____

_____

_____

_____

_____

_____

Viaggio In Italia

Buon compleanno!

Ogni paese del mondo ha le sue feste e le sue tradizioni. In Italia, la festa più importante è sicuramente il Natale, ma anche Pasqua e i compleanni sono celebrati con grande entusiasmo! Guarda il video sul sito web **www.cengage.com/login** per sentire alcuni Italiani che parlano di queste feste.

A. Vocabolario. After watching the video clip, unscramble the words defined below.

1. È una ditta. Di solito quelle familiari sono piccole.

   (zdainae) a __ __ __ __ __ __

2. Un gruppo piccolo di amici.

   (hrecica trsiertat)

   c __ __ __ __ __ __   r __ __ __ __ __ __ __

3. Il marito della figlia.

   (nregoe) g __ __ __ __ __

4. Dire stupidaggini è dire...

   (vloatcea) c __ __ __ __ __ __ __

5. Gruppo di molte persone che mangiano sedute insieme.

   (vatlatoa) t __ __ __ __ __ __

B. Comprensione. Read the following questions, then watch the video segment and write a brief reply in Italian.

1. Perché Marco telefona allo zio Jerry?

   _____

2. Dove abita lo zio Jerry? Da quanti anni abita lì?

   _____

3. Come va l'azienda dello zio?

   _____

4. Con chi festeggiano il compleanno queste persone?
   a. Il primo uomo _____
   b. La donna con gli occhiali _____
   c. Il secondo uomo _____

5. Di quali altre feste si parla in questo video?

   _____

C. Interpretazione. Watch the video once more, and focus on Marco's opening lines. What kind of relationship do you think he has with his uncle Jerry? Based on Marco's responses, why do you think Jerry asks about the Mini Cooper? Reply briefly in Italian.

   _____

   _____

   _____

   _____

D. Cultura. Reply briefly in Italian.

1. Secondo te, che cosa vuol dire il famoso proverbio italiano «Natale con i tuoi, Pasqua con chi vuoi!»?

   _____

2. Nel tuo paese, quale giorno è celebrato con tutta la famiglia di solito?

   _____

3. Una donna nel video parla di aprire le uova il giorno di Pasqua. Queste uova sono di cioccolato e solitamente contengono una sorpresa! Quale sorpresa vorresti trovare tu nell'uovo di Pasqua?

   _____

E. Attività. Choose your favorite holiday and imagine that you are hosting the festivities. Who will be on the guest list? What will you serve? Who will do the cooking? Describe the event in Italian.

   _____

   _____

   _____

   _____

   _____

   _____

Tutti a tavola!

 PAROLE ED ESPRESSIONI NUOVE

A. Una cena con gli amici. Marta ha invitato a cena alcuni amici e racconta ad un'amica quello che vuole preparare. Mettere in ordine le seguenti frasi, con i numeri da 1 a 10, e poi completare la storia con due frasi originali.

___1___ Stamattina sono uscita a fare la spesa per la cena di stasera.

_____ Le fragole piacciono molto ai miei amici, e voglio servirle con panna montata.

_____ Come primo ho pensato di fare gli spaghetti alla carbonara.

_____ Dovevo comprare il pane, la carne e il prosciutto.

_____ Adesso apparecchio la tavola, e poi lavo un po' di frutta fresca. Ho comprato delle pesche e delle fragole.

_____ E per dolce, tiramisù!

_____ Così sono andata dal fornaio, dal macellaio e dal salumiere.

_____ Ora ti dico il menù.

_____ Per secondo, ho cucinato un arrosto di vitello con contorno di verdure miste.

_____ Prima, però, voglio servire un antipasto di prosciutto e melone.

11. _____

12. _____

B. Suonare, giocare o recitare? Scegliere la parola corretta.

1. Le campane della chiesa (suonano / giocano) a mezzogiorno.

2. Questa minestra non (assaggia / sa) di niente.

3. Dopo cena (pratichiamo / giochiamo) sempre a carte.

4. Benigni ha (recitato / giocato) benissimo la parte di Johnny Stecchino.

5. Lei sa (suonare / giocare) il mandolino?

Nome _____ Data _____ Classe _____

STRUTTURA

(Indicare a chi è diretta un'azione)

■ I. *Pronomi personali (oggetto indiretto)*

Una cena favolosa! A tavola si chiacchiera sempre molto. Sostituire all'oggetto indiretto la forma corretta del pronome corrispondente.

ESEMPIO   Telefono a Mario per invitarlo a cena.
Gli telefono per invitarlo a cena.

1. La mamma porta i calamari a Beppino e Mario.

   _____

2. Hai già dato il formaggio alla zia?

   _____

3. Signora, posso chiedere una ricetta a Lei?

   _____

4. Passi il sale a me, per favore?

   _____

5. Posso offrire la panna cotta a voi?

   _____

6. Ho già chiesto al nonno di prendere il vino in cantina.

   _____

7. Cecilia, vuoi portare i dolci ai bambini?

   _____

8. Questo piatto non piace a noi.

   _____

9. Sai, Roberto Benigni assomiglia a te!

   _____

10. Ho bevuto troppo vino! Il vino fa male a me!

    _____

Esprimere ciò che piace o non piace

■ II. *Piacere e verbi come piacere*

A. Il verbo piacere. Ti piace? Riscrivere le frasi usando il verbo *piacere* secondo gli esempi dati.

ESEMPI   Mangio la pizza.
Mi piace la pizza.
Non hai mangiato le mele.
Non ti sono piaciute le mele.

1. Bevo il caffè.

_____

2. Ha mangiato gli spaghetti.

_____

3. Comprano le arance.

_____

4. Non ordino il riso.

_____

5. Cucini la pasta.

_____

6. Preparate il dolce.

_____

7. Non mangiamo mai i calamari.

_____

8. Non hanno finito le zucchine.

_____

B. Altri verbi simili a piacere. Riscrivere le seguenti frasi usando il verbo tra parentesi.

ESEMPIO   Compro il libro. (occorrere)
Mi occorre il libro.

1. Ho solamente dieci euro. (restare)

_____

2. Non ho il burro per la pasta. (mancare)

_____

3. Tina ha bisogno di tre uova per la torta. (occorrere)

_____

4. Quel ragazzo mi ricorda mio fratello. (sembrare)

_____

5. Sono triste per il mio amico. (dispiacere)

_____

> ## Parlare di azioni che si riferiscono al soggetto

■ III. *Verbi riflessivi*

Un appuntamento importante. Giuseppina ha conosciuto Luigi su Internet. Le sembra un ragazzo molto intelligente ed affascinante! Finalmente hanno un appuntamento al ristorante alle otto. Completare ciascuna frase con la forma riflessiva del verbo tra parentesi. Poi riscrivere tutta la frase al passato.

ESEMPIO (addormentarsi)

    a. Pina *si addormenta* alle due di notte.

    b. Pina *si è addormentata alle due di notte.*

1. (svegliarsi)

   a. Pina _____ alle sei di mattina.

   b. _____

2. (alzarsi)

   a. I suoi genitori _____ poco dopo.

   b. _____

3. (lavarsi)

   a. Pina _____ la faccia.

   b. _____

4. (parlarsi)

   a. Luigi e lei _____ al telefono.

   b. _____

5. (vestirsi)

   a. PINA: «Luigi, tu non _____ bene!»

   b. _____

6. (mettersi)

   a. LUIGI: «Io _____ i jeans.»

   b. _____

7. (prepararsi)

   a. Luigi _____ in fretta.

   b. _____

8. (annoiarsi)

   a. Al ristorante, loro _____.

   b. _____

9. (lamentarsi)

   a. Dopo, Pina _____ al telefono con un'amica.

   b. _____

10. Tu hai mai conosciuto un amico / un'amica su Internet? (sentirsi)

   a. Voi _____ spesso?

   b. _____

Modificare il significato di un nome o aggettivo

■ IV. *Suffissi speciali*

Un nasino o un nasone? Poche lettere possono cambiare molto il significato di una parola! Scegliere la risposta corretta.

1. Che brutto tempo!
   a. Che tempino!
   b. Che tempone!
   c. Che tempaccio!

2. Quel bambino ha un naso bello e piccolino.
   a. Ha un nasone.
   b. Ha un nasino.
   c. Ha un nasastro.

3. Ecco il mio cugino più piccolo. È il mio...
   a. cuginetto.
   b. cuginastro.
   c. cuginuccio.

4. Matteo è un ragazzo grande e grosso. È un...
   a. ragazzino.
   b. ragazzetto.
   c. ragazzone.

5. Questo libro ha mille pagine. È un...
   a. librone.
   b. libriciattolo.
   c. libriccino.

6. Non essere maleducato! Non dire...
   a. paroline.
   b. parolacce.
   c. parolucce.

(**Parlare di cose o oggetti in modo indefinito**)

■ V. *Aggettivi e pronomi indefiniti*

In fila al self-service. Quante cose si sentono mentre si aspetta di mangiare! Qual è la parola giusta? Scegliere la parola corretta per completare la frase.

1. Ci sono (alcuni / qualche) biscotti.

2. Speriamo che ci sia (qualcosa / qualcuno) di buono.

3. Carlo beve (qualche / troppo) vino!

4. (Tutti / Ognuno) desidera mangiare bene.

5. Mangiate (molto / molta) frutta!

6. Ci sono (poche / tutte) verdure.

7. (Tutto / Tutti) è delizioso in questo posto.

8. Di solito preparano (tanti / ciascuno) piatti buonissimi!

9. Non prendi (nessuno / niente) da bere?

10. Desidera (altro / nulla)?

■ VI. *Il partitivo*

Un piccolo party. Due amiche parlano di un piccolo party che vogliono organizzare. Riscrivere la frase, usando un'altra forma del partitivo. Fare i cambiamenti necessari.

ESEMPIO   Vuoi del caffè?
              Vuoi un po' di caffè?

1. Dobbiamo invitare qualche amico.

   _____

2. Alcuni ragazzi non possono venire.

   _____

3. Adriana porta del formaggio.

   _____

4. Possiamo servire un po' di pane e alcuni salumi.

   _____

5. Io preparo del tè freddo.

   _____

SCRIVIAMO E COMUNICHIAMO!

Per comunicare

Che cosa dicono? Scrivi quello che dicono le persone nelle seguenti situazioni. Usa le espressioni nella sezione *Per comunicare* alla fine del Capitolo 5 del testo.

_____

_____

_____

_____

_____

_____

_____

_____

■ Ora scrivi tu!

Una cena buonissima! In questo capitolo hai imparato nuove parole ed espressioni per parlare di cibo e bevande. Hai anche conosciuto alcuni piatti tipici della cucina italiana. Ricordi una cena che ti è piaciuta particolarmente? Hai cucinato tu o qualcun altro? C'era un piatto italiano? Scrivi un paragrafo di almeno 50 parole e racconta la tua esperienza.

_____

_____

_____

_____

_____

_____

_____

Viaggio In Italia

Piatti preferiti

In questo capitolo abbiamo parlato di alcuni aspetti della dieta italiana. Guarda il video sul sito web **www.cengage.com/login**, in cui alcune persone italiane parlano dei loro gusti e delle loro abitudini alimentari.

A. Vocabolario. After watching the video clip, fill in the missing words using the list below.

bevuta   ombelico

cotoletta   ammazzacaffè

paella

Alla cena di ieri sera...

1. come primo ho ordinato la _____, un piatto spagnolo a base di riso e pollo o pesce.

2. per secondo ho scelto _____ di pollo.

3. ho bevuto troppo! Ho fatto proprio una bella _____!

4. a fine pasto, dopo il caffè, ho preso una bevanda alcolica chiamata _____.

5. eravamo in spiaggia, infatti indossavo il costume da bagno. Preferisco un costume intero invece del due pezzi perché non mi piace mostrare l'_____!

B. Comprensione. Read the following questions, then watch the video segment and write a brief reply in Italian.

1. Quale detto *(saying)* usa Marco per spiegare l'importanza di bere il vino?

   _____

2. Alla ragazza con gli occhiali piace la pizza e...

   _____

3. Perché il ragazzo non mangia molto pesce?

   _____

4. Secondo la signora di Bologna, cosa ha ispirato la forma dei tortellini?

   _____

5. Alla donna che mangia poco, cosa piace mangiare?

   _____

6. Al contrario degli americani, il ragazzo che ride sicuramente non mangia...

   _____

7. Come spiega Marco, un tipico pasto italiano è composto da...

   _____

C. Interpretazione. Watch the video once more without sound, and focus on two of the speakers. Based on their body language and facial expressions, how do they feel about the question they are being asked? Briefly describe the people you chose and their feelings in Italian.

1. _____

   _____

   _____

2. _____

   _____

   _____

D. Cultura. Reply briefly in Italian.

1. Ogni regione italiana ha dei piatti tipici. In questo video, alcune persone parlano di questi piatti. È così anche nel tuo paese? Spiega.

   _____

   _____

2. C'è un piatto tipico dove abiti tu? Qual è? Conosci l'origine di questo piatto?

   _____

   _____

   _____

E. Attività. You and a friend are at a party in Italy where you plan to taste as many dishes as possible. Write a dialogue in which you discuss the foods you try and your reactions to them (be sure to include foods mentioned in the video and to use the verb *piacere*).

_____

_____

_____

_____

_____

Che lingua parli?

PAROLE ED ESPRESSIONI NUOVE

A. Usi e costumi. Abbinare le parole della colonna di sinistra con le definizioni della colonna di destra.

_____ 1. idioma   a. lingue come l'italiano o il francese

_____ 2. neologismo   b. popolare in un particolare momento

_____ 3. rete   c. persone della stessa età

_____ 4. buona riuscita   d. messaggio inviato col telefonino

_____ 5. lingua romanza   e. nuova parola

_____ 6. coetanei   f. parlare, chiacchierare

_____ 7. SMS   g. successo

_____ 8. prestiti linguistici   h. parole prese da un'altra lingua

_____ 9. di moda   i. lingua

_____ 10. conversare   j. internet

B. Provare e riuscire. Scegliere la parola corretta.

1. Ho (cercato / provato) di spiegarglielo, ma non ha capito.

2. Ieri è (riuscita di / successa) una cosa incredibile.

3. Non so la risposta. (Provo / Cerco) a chiederla alla mia amica.

4. Mi piace questo vestito. Posso (provarlo / cercarlo)?

5. Stasera non (riesco di / riesco a) dormire.

STRUTTURA

(**Parlare di eventi del passato**)

■ **I. *Passato remoto***

I miei nonni italiani. Giulia parla della sua famiglia italoamericana. Completare il brano coniugando i verbi indicati al passato remoto.

    ESEMPIO   Franco (mangiare) _____ la pizza.
                         Franco mangiò la pizza.

Mio nonno (nascere) _____ in Italia, in un paese vicino a

Napoli. Lui (venire) _____ in America da giovane, ed (abitare)

_____ in New Jersey per trent'anni. A Jersey City, lui (incontrare)

_____ una bella donna di origine italiana. Loro (innamorarsi)

_____ subito e lei (diventare) _____

la mia futura nonna! Mio nonno (trovare) _____ un lavoro in una

pizzeria e (sposare) _____ mia nonna poco dopo. Loro (avere)

_____ un figlio: mio padre. I miei nonni parlavano il dialetto

napoletano, ma (decidere) _____ di parlare in inglese con il loro

figlio. Così mio padre non (parlare) _____ mai molto bene la lingua

dei suoi genitori. Che peccato! Mi ricordo ancora la casa dei nonni. Quando avevo otto anni,

io (andare) _____ a trovarli con i miei genitori. Noi tutti (fare)

_____ i ravioli insieme e li (mangiare) _____

a tavola. Che bel ricordo! E tu, ricordi qualcosa che i tuoi nonni ti (insegnare)

_____?

(**Parlare di azioni completate prima di altre azioni**)

■ II. *Trapassato prossimo e trapassato remoto*

Cosa successe nel passato? Luca parla di alcune cose successe nel passato e di altre successe prima. Sostituire i verbi tra parentesi con la forma corretta del trapassato prossimo o del trapassato remoto.

ESEMPIO   Appena (arrivare) _____ a casa, gli telefonai.
Appena *fui arrivato/a* a casa, gli telefonai.

1. Aveva cinque anni e non (imparare) _____ ancora ad andare in bicicletta.

2. Quando è nato mio fratello, i miei genitori (sposare) _____ già da tre anni.

3. Appena gli amici (partire) _____ io mi sentii molto triste.

4. Alle dieci di mattina dormivamo ancora perché (andare) _____ a letto tardi.

5. Luca non voleva venire a cena con noi perché (mangiare) _____ molto a pranzo.

6. Quando mi hai telefonato stamattina, io (alzarsi) _____ già da un'ora.

7. Non appena Cristina lo (riconoscere) _____, lo abbracciò.

8. Erano arrivati tardi alla festa perché (perdersi) _____.

> ### Parlare di cose già menzionate

■ III–IV. *Ci o ne?*

Alla mensa. Silvia pranza alla mensa universitaria, dove c'è sempre tanta gente. Cosa dicono gli altri studenti a tavola con lei? Completare le seguenti frasi con *ci* o *ne*.

1. Vai a casa adesso? — Sì, _____ vado subito.

2. Per piacere, potete parlare più forte? Non _____ sento.

3. Quanti golfini hai comprato? — _____ ho comprati tre.

4. Non è colpa mia! Io non _____ entro.

5. Questa è la mia composizione. Per piacere, leggila e dimmi cosa _____ pensi.

6. Come sono stanco! _____ ho messo tre ore per arrivare!

7. Ti sono piaciute le lasagne? _____ vuoi ancora?

8. Stasera non usciamo perché non _____ abbiamo voglia.

9. È tardi, non _____ è tempo da perdere!

10. Ho sonno, me _____ vado a letto.

> ### Parlare di persone o cose senza nominarle

■ V. *Pronomi personali (forme combinate)*

Gliel'ha detto davvero? I genitori di Tonino hanno invitato il suo professore d'italiano a cena. Ma Tonino parla sempre troppo e domina la conversazione! Riscrivere le frasi sostituendo le forme combinate dei pronomi personali. Fare le modifiche necessarie.

ESEMPIO Preparo la minestra per lui.
Gliela preparo.

1. Scriviamo una lettera ai nonni.

_____

2. Dai dieci euro a me?

_____

3. Dovete portare molti regali alla mamma.

_____

4. Maria prestò la macchina nuova al fratello: che disastro!

_____

5. Mio padre ha dato dei fiori bellissimi a mia madre.

_____

6. Ci mettiamo sempre i pantaloncini quando fa caldo.

_____

7. Chiedo gli indirizzi a Lei.

_____

8. Vogliono mettersi i suoi occhiali.

_____

9. Abbiamo raccontato le favole a voi.

_____

10. C'era molta gente a lezione!

_____

SCRIVIAMO E COMUNICHIAMO!

Per comunicare

Non sono d'accordo! Scrivi un dialogo in cui discuti una tua opinione con una persona che la pensa in modo diverso da te. Parla della necessità di fare molti compiti per imparare una lingua straniera. Usa le espressioni nella sezione *Per comunicare* alla fine del Capitolo 6 del testo. Usa almeno 30 parole.

_____

_____

_____

_____

_____

_____

_____

_____

■ Ora scrivi tu!

Parliamo italiano! In questo capitolo hai imparato nuove parole ed espressioni per parlare della lingua. Perché studi italiano tu? Quali altre lingue conosci? Per te, è importante studiare le lingue straniere e conoscere culture diverse dalla tua? Perché? Scrivi un paragrafo di almeno 60 parole ed esprimi la tua opinione.

_____

_____

_____

_____

_____

_____

_____

_____

_____

_____

Viaggio In Italia

Comunicare in Italia

La lingua italiana ufficiale non è l'unico modo di comunicare in Italia. Guarda il video sul sito web **www.cengage.com/login**, e scopri altri modi di comunicare.

A. Vocabolario. After watching the video clip, fill in the missing words using the list below.

stai facendo
ci annoia
Non sopportiamo
fiorentina
È ora di andar via

1. Questo film _____. Non è per niente interessante e fa addormentare tutti!

2. _____ questa musica! È terribile!

3. Quello che dici in questo momento è quello che stai dicendo, e quello che fai in questo momento è quello che _____.

4. È mezzanotte e dobbiamo ancora tornare a casa! _____.

5. Quella donna è nata e cresciuta a Firenze. È una vera _____.

B. Comprensione. Read the following questions, then watch the video segment and write a brief reply in Italian.

1. Secondo Marco, perché è importante sapere parlare con le mani?

_____

2. Che cosa significa il primo gesto di Marco?

_____

3. Di dov'è la donna che parla dei dialetti?

_____

4. Secondo lei, i fiorentini hanno un dialetto particolare? E un accento?

_____

5. Quali sono i due esempi che la donna usa per dimostrare la pronuncia della lettera «c» a Firenze? Con quale lettera dell'alfabeto è sostituita?

_____

C. Interpretazione. Watch the portion of the video featuring Marco once more. How many hand gestures does he explain? In English, describe those gestures and their meaning.

_____

_____

_____

_____

D. Cultura. Reply briefly in Italian.

1. Come ha spiegato Marco nel video, gli Italiani parlano anche con le mani. È così anche nel tuo paese? E tu, parli mai con le mani? Perché?

_____

_____

2. L'Italia ha una lingua ufficiale, ma anche tanti dialetti. Secondo te, è importante avere una lingua ufficiale? Quali lingue sono parlate nel tuo paese? Esistono dei dialetti?

_____

_____

E. Attività. Listed below are descriptions of some of the gestures that Marco uses in the video. Supply sentences in Italian that would elicit those gestures.

1. _____

(una cosa che ci annoia)

2. _____

(Che stai dicendo?)

3. _____

(Che cosa stai facendo?)

4. _____

(È ora di andare via.)

Che lavoro farai?

PAROLE ED ESPRESSIONI NUOVE

A. Mondo del lavoro. Usando il vocabolario della lettura «Vivere in Italia: Il lavoro», inserire le parole per completare il cruciverba.

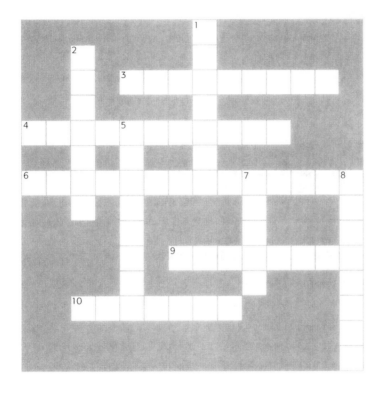

1. Ho cercato lavoro per un anno. Ora ho trovato un buon _____.

2. Lavoro nel _____ immobiliare.

3. Stefano guadagna più di 2.000 euro al mese. È un buono _____.

4. In questi giorni, al presente.

5. Quei ragazzi sono sempre insieme, tra loro c'è una grande _____.

6. Ricevo molta posta ogni giorno. La mia casella è sempre piena di _____.

7. Davide lavora per una _____ che produce automobili.

8. Mia madre mi ha incoraggiato molto, il suo _____ è stato determinante.

9. Marco è una persona felice, è sempre _____.

10. Paola faceva lavori saltuari ma ora ha un lavoro _____, finalmente.

B. Cambiare o scambiare? Scegliere la parola o l'espressione che completa meglio la frase. Fare riferimento alle parole nella sezione *Vocabolario utile* del Capitolo 7 del testo.

1. Non vogliamo più andare in montagna durante il weekend. Abbiamo

   _____ idea.

2. Parli sul serio o è uno _____?

3. Quante cose sono _____ negli ultimi cento anni!

4. A Natale io e la mia famiglia _____ molti regali.

5. Che ridere! È proprio una _____ divertente!

6. Vado in Italia e devo cambiare i dollari in euro. Com'è il _____ oggi?

7. Vorrei un caffè, ma non ho _____. Ha il _____ di 50 euro?

8. Stasera vado fuori a cena con la mia ragazza. È tardi, sono appena tornato e devo ancora

   _____.

STRUTTURA

(Presentare azioni future)

■ I. *Futuro*

A. Oggi e domani... Riscrivere le frasi dal presente al futuro semplice, o dal passato prossimo al futuro anteriore.

ESEMPI Telefono ad una collega.
Domani *telefonerò ad una collega.*
Ho già fatto il colloquio.
Domani a quest'ora *avrò già fatto il colloquio.*

1. Maria cerca un nuovo posto di lavoro.

   Presto, Maria _____

2. Noi lasciamo gli Stati Uniti per andare in Italia.

   L'anno prossimo _____

3. Avete già trovato un appartamento.

   Prima di settembre _____

4. Maurizio e Marianna lavorano ogni giorno.

   Durante l'estate, _____

5. Alle otto sono già andata alla riunione.

   Chiamami alle sette. _____

6. Vai in quella ditta per un colloquio?

   Martedì prossimo _____

7. Signora, Lei mi offre un impiego prestigioso!

   Dopo che avrà letto il mio curriculum, _____

8. Chiara diventa ingegnere.

   A giugno, _____

9. Marco, sai chi è il capo?

   Dopo il colloquio, _____

10. Loro rimangono in ufficio fino a tardi.

    Dovendo lavorare a questo nuovo progetto, _____

B. La cartomante! Immagina di essere una cartomante *(fortune teller)*. Una persona famosa viene da te per farsi predire il futuro. Completa le frasi usando il futuro.

CARTOMANTE (TU): Buona sera.

CLIENTE: Buona sera! Mi chiamo *(nome di una persona famosa)*

                  _____ e vorrei parlare del mio futuro, per favore.

CARTOMANTE: Benissimo! Si accomodi, ecco una sedia. Mi dica...

CLIENTE: Vorrei sapere dell'amore...

CARTOMANTE: Fra cinque anni, _____

                  _____

CLIENTE: Davvero?! E... bambini?

CARTOMANTE: _____

                  _____

CLIENTE: Mamma mia!! E il lavoro? Avrò successo?

CARTOMANTE: _____

                  _____

CLIENTE: Che sorpresa! Inoltre, non so dove vivere. Mi potrebbe dire... ?

CARTOMANTE: _____

                  _____

CLIENTE: Spero di vivere ancora molti anni, e di godere di buona salute.

CARTOMANTE: Infatti, _____

                  _____

CLIENTE: Grazie, Lei mi ha dato molte informazioni interessanti. Quanto le devo?

CARTOMANTE: _____

CLIENTE: Arrivederci!

> ## Parlare di eventi realizzabili in determinate condizioni

■ II. *Condizionale*

A. Ipotesi. Alcune persone raccontano cosa farebbero o cosa avrebbero fatto in determinate occasioni. Riscrivere le seguenti frasi usando prima il condizionale presente e poi il condizionale passato.

ESEMPIO   Vado in vacanza.
  a. Con molti soldi *andrei in vacanza.*
  b. Devo lavorare in agosto, altrimenti *sarei andato/a in vacanza.*

1. Voglio una macchina nuova.

   a. Per piacere, _____

   b. Come regalo di compleanno _____

2. Mi aiuti a finire questo lavoro?

   a. Sono in ritardo! _____

   b. Veramente _____

3. Tu e Paolo studiate geologia.

   a. Pur di andare a lezione con Silvia, _____

   b. Giovanni vi ha convinto a studiare ingegneria, altrimenti _____

   _____

4. Preferisce mangiare a mezzogiorno.

   a. Poiché deve partire entro l'una, _____

   b. Hanno mangiato alle due, ma lui _____

5. Io e mio fratello ci parliamo al telefono ogni giorno.

   a. Le telefonate tra l'Italia e l'America costano care, altrimenti _____

   _____

   b. Senza l'e-mail _____

6. Restiamo a casa a fare i compiti.

   a. _____, ma preferiamo andare allo stadio!

   b. _____, ma la giornata era troppo bella per non uscire.

B. Desideri. Quali sono i tuoi desideri? Rispondere alle seguenti domande usando il condizionale presente.

1. Che cosa faresti con 100.000 euro?

   _____

2. Che regalo vorresti ricevere dai tuoi genitori per il prossimo compleanno?

   _____

3. Con quale personaggio famoso ti piacerebbe uscire a cena?

_____

4. Quale macchina ti piacerebbe guidare?

_____

5. Cosa faresti con tre mesi di vacanza?

_____

6. In quale paese vorresti vivere?

_____

III. *Dovere, potere e volere*

Problemi di lavoro. Tradurre le seguenti frasi dall'inglese all'italiano.

1. Mr. Bruni, could you give me a raise? I would like to buy a car.

_____

_____

2. I was supposed to find a new job, but I couldn't.

_____

_____

3. She will be able to work on Sundays.

_____

_____

4. They would have liked to hire her.

_____

_____

SCRIVIAMO E COMUNICHIAMO!

Per comunicare

Una lettera. Immagina di avere un lavoro. Usando le espressioni nella sezione *Per comunicare* del Capitolo 7 del testo, scrivi una delle seguenti due lettere.

1. Scrivi una lettera formale al tuo capo, o ad un tuo cliente, o ad un'altra persona con cui lavori.

2. Scrivi una lettera ad un amico e parla del tuo lavoro.

_____

_____

_____

_____

_____

_____

_____

_____

_____

_____

_____

_____

_____

_____

_____

_____

_____

_____

_____

_____

■ Ora scrivi tu!

L'immigrazione. In questo capitolo hai imparato nuove parole ed espressioni per parlare dell'immigrazione. Cosa pensi di questo fenomeno? Esiste nel tuo paese? Conosci qualche immigrante? Scrivi un paragrafo di almeno 60 parole.

_____

_____

_____

_____

_____

_____

_____

_____

L'oroscopo

Per capire l'oroscopo, è necessario conoscere bene la coniugazione del tempo futuro! Guarda il video sul sito web **www.cengage.com/login**, in cui alcune persone italiane parlano del loro segno zodiacale e ascoltano il loro oroscopo alla televisione.

A. Vocabolario. After watching the video clip, fill in the missing words using the list below.

porta sfortuna   trascorrere
spingere   cuspide
incognita   pignolo
sensibile

1. Possiamo definire una persona molto meticolosa un _____.

2. _____ è un sinonimo di «passare».

3. Un gatto nero che attraversa la strada _____.

4. Una persona nata tra due segni zodiacali è una _____.

5. Una cosa imprevedibile, sconosciuta, a volte rischiosa, è un'_____.

6. Per aprire una porta dobbiamo _____.

7. L'aggettivo _____ descrive una persona che sente particolarmente le emozioni e i sentimenti.

B. Comprensione. Read the following questions, then watch the video segment and write a brief reply in Italian.

1. Qual è il segno di Marco? _____

2. Secondo l'oroscopo, con chi passeranno ore serene le persone del Toro?

_____

3. Che cosa cerca l'Acquario?

_____

4. Quale deve essere l'atteggiamento del Capricorno verso il futuro?

_____

5. Che cosa suggerisce l'oroscopo al Leone prima di impegnare le energie in una relazione?

_____

6. Quali sono le caratteristiche della Vergine secondo l'oroscopo?

_____

7. Su che cosa sarà incerto il Cancro?

_____

8. Quali sono alcune delle caratteristiche del segno di Marco?

_____

C. Interpretazione. Watch again the opening scene where Marco is looking for his horoscope in the paper. To whom is he speaking? In your opinion, what is this person's attitude towards horoscopes? Reply briefly in Italian and support your reply with information from the video.

_____

_____

_____

D. Cultura. Reply briefly in Italian.

1. In Italia molte persone sentono l'oroscopo alla televisione o lo leggono sui giornali. Alcuni ci credono, ma molti lo fanno solo per divertimento. Tu sei interessato/a all'oroscopo? Se no, conosci qualcuno che lo è? Dove puoi seguire l'oroscopo nel tuo paese?

_____

_____

2. Nel tuo paese ci sono molte persone che credono veramente all'oroscopo? Spiega.

_____

_____

E. Attività. Choose one of the speakers from the video segment. Based on his/her horoscope, what do you think is going to happen to this person tomorrow? In Italian, identify the person you selected and describe his/her day using the future tense.

_____

_____

_____

_____

_____

Abitare in famiglia o no?

PAROLE ED ESPRESSIONI NUOVE

A. Vivere in famiglia o vivere da solo/a? Scegliere la risposta corretta.

1. Graziella vuole andare a vivere da sola, ma deve...
   a. essere figlia unica.
   b. fare i conti.
   c. fare amicizia.

2. Mio fratello e sua moglie hanno appena avuto una bambina. Che bello, sono diventata...
   a. nonna.
   b. celibe.
   c. zia.

3. Federico vuole comprare un appartamento, ma non ha soldi. Decide di...
   a. andare in una casa di riposo.
   b. prenderlo in affitto.
   c. trovare la propria strada.

4. La sorella del figlio del fratello di mia mamma è...
   a. mia nonna.
   b. mia suocera.
   c. mia cugina.

5. Marco ha deciso di andare via di casa. Ora...
   a. prende una decisione.
   b. è d'accordo.
   c. vive da solo.

B. Segno o segnale? Scegliere la parola corretta.

1. (L'insegna / Il segno) di quel negozio è troppo appariscente!

2. Posso farti una (confidenza / fiducia)?

3. Quando guidi la macchina, devi fare molta attenzione ai (segni / segnali) stradali.

4. Non dovresti fumare in questo ristorante! Non vedi il (cartello / segno) con la scritta «Vietato fumare»?

5. Usare il «Lei» in Italia è un (segno / cartello) di rispetto.

6. Mi ha confidato un segreto. Ha molta (fiducia / insegna) in me.

C. Che cosa sono? Cartello, segnale o insegna? Scrivi la parola corretta.

1. _____   2. _____   3. _____

![STRUTTURA]

(**Esprimere incertezza o soggettività**)

■ I. *Congiuntivo presente e passato*

A. Quanti pettegolezzi (*gossip*)! A volte capita che alcuni amici si incontrino al supermercato e comincino a parlare di conoscenti comuni. Dare la forma corretta del congiuntivo presente dei verbi tra parentesi.

1. Bisogna che tu (telefonare) _____ alla mamma.

2. Abbiamo paura che Michele e sua moglie (divorziare) _____.

3. Spero che Marina (rimanere) _____ a casa.

4. Sembra che sua figlia (sposarsi) _____ presto.

5. È bene che mio marito (pulire) _____ la casa.

6. È importante che noi (trovarsi) _____ bene a Roma.

7. Mia nonna dubita che io le (scrivere) _____ dall'Italia.

8. È incredibile che voi (cercare) _____ un appartamento in città.

9. I miei genitori temono che mio fratello non (finire) _____ mai l'università.

10. È giusto che loro (volere) _____ abitare con i genitori.

B. Chi è Stefania? Amelia la descrive. Riscrivere le frasi usando il congiuntivo passato e seguendo l'esempio.

    ESEMPIO   È nata a Bologna. (penso)
                 Penso che sia nata a Bologna.

  1. È venuta a Roma da bambina. (crediamo)

    _____

  2. Io l'ho incontrata dieci anni fa. (è probabile)

    _____

  3. Noi abbiamo imparato a suonare il violino insieme. (mi pare)

    _____

  4. Ha fatto un viaggio in Florida a vent'anni. (sembra)

    _____

  5. Lei e sua sorella hanno viaggiato insieme. (è bene)

    _____

  6. Stefania e suo marito si sono innamorati subito. (ho l'impressione)

    _____

  7. Si sono sposati tre settimane dopo. (penso)

    _____

  8. Tu non sei venuto al matrimonio. (mi dispiace)

    _____

  9. Voi vi siete sposati tre anni fa. (crediamo)

    _____

  10. Tu hai incontrato Mario in treno, non è vero? (mi pare)

    _____

(**Esprimere emozioni, desideri e speranze. Esortare.**)

■ II. *Uso del congiuntivo*

Una famiglia come tante. Due genitori e tre figli maggiorenni: cosa pensano e cosa dicono durante una tipica cena? Completare le frasi coniugando i verbi all'indicativo o al congiuntivo presente, o lasciandoli all'infinito.

    ESEMPIO   Sono felice che tu (venire) _____ a trovarmi.

                 Sono felice che tu *venga* a trovarmi.

  1. I genitori sperano che Anna (studiare) _____ economia, ma Anna vuole

    (studiare) _____ medicina.

2. Inoltre, Anna non sa come dire ai suoi genitori che l'anno prossimo vuole (andare)

_____ a vivere con il suo ragazzo. I suoi genitori, invece, sperano che lei

(andare) _____ a vivere con la sorella maggiore.

3. Stefano pensa di (comprare) _____ un appartamento in un'altra città.

4. La mamma di Stefano, invece, preferisce che lui (comprare) _____ un appartamento non lontano da lei.

5. Il padre di Stefano pensa alla nuova offerta di lavoro ricevuta da suo figlio, e gli ripete spesso:

«Sono proprio contento che tu _____ (avere) un impiego. È importante, però, che

tu (leggere) _____ bene il contratto di lavoro prima di accettare».

6. Sara, la sorella maggiore di Stefano, non studia molto. Ma dice sempre ai suoi genitori: «Non

preoccupatevi, non credo che i miei amici (laurearsi) _____ prima di me!».

7. La mamma, che lavora molto e ha tante preoccupazioni per i figli, afferma: «Benché io

(essere) _____ appena stata in vacanza, (io) non (sentirsi) _____

riposata».

8. È una famiglia come tante altre, con i problemi di tutte le famiglie. Ma loro (volersi)

_____ molto bene e (aiutarsi) _____ a vicenda. Sperano che le cose

(andare) _____ sempre al meglio per tutti.

Usare espressioni indefinite

■ III. *Altri usi del congiuntivo*

Al bar dell'università. Lidia ed Emilio parlano dei loro amici. Qual è la risposta giusta? Scegliere la
parola migliore.

1. Hai visto Alfredo? (Comunque / Dovunque) vada, lui trova sempre degli amici!

2. Vittorio è il ragazzo più bello che io (abbia / ho) mai visto.

3. Nella famiglia Rossi, Gabriella è (l'unica / la) figlia che abiti con i genitori.

4. C'è qualcuno che (conosca / conosce) Maurizio?

5. (Mi ricordo / Non so) chi sia!

6. Per Sofia, qualunque appartamento che (abbia / ha) molte finestre va bene.

7. (Non conosco / Trovo) nessuno che si lasci mantenere dai genitori.

SCRIVIAMO E COMUNICHIAMO!

Per comunicare

Si laurea o si sposa? Lidia e Roberto, due giovani italiani di 24 anni, hanno deciso di sposarsi. Roberto ha terminato l'università e lavora come ingegnere. Lidia, invece, deve ancora finire gli studi e non ha un lavoro. La mamma di Lidia spera che sua figlia aspetti a sposarsi e cerca di convincerla a laurearsi e a trovare un lavoro prima del matrimonio. Scrivi un breve dialogo tra Lidia e sua madre. Usa le espressioni nella sezione *Per comunicare* alla fine del Capitolo 8 del testo. Usa almeno dieci frasi.

_____

_____

_____

_____

_____

_____

_____

_____

_____

_____

Ora scrivi tu!

L'amore e l'alloggio! Scegli A o B e spiega la tua opinione in un paragrafo di almeno 60 parole.

a. Abitare in famiglia o no? In questo capitolo hai imparato nuove parole ed espressioni per parlare del posto dove abiti, e del fenomeno italiano dei ragazzi che abitano a lungo con la famiglia. Cosa pensi di questo fenomeno? Dove abiti tu, e perché?

b. Parliamo d'amore! In questo capitolo hai anche imparato a parlare dei rapporti, dell'amore e del matrimonio. Hai mai provato «l'amore folle»? In questo momento hai un ragazzo / una ragazza? Sembra che gli Italiani si sposino sempre più tardi. Pensi di sposarti tu? Se sì, quando?

_____

_____

_____

_____

_____

_____

La famiglia

In Italia la famiglia rimane sempre molto importante. Guarda il video sul sito web **www.cengage.com/login**, nel quale alcuni Italiani descrivono le loro famiglie.

A. Vocabolario. After watching the video clip, unscramble the words defined below.

1. Sono due fratelli nati insieme.

   (ellmegi) _g_ __ __ __ __ __ __

2. Un sinonimo di «liceo».

   (olucsa pusreoier) _s_ __ __ __ __ __   _s_ __ __ __ __ __ __ __ __

3. Quella donna passa la sua vita «tra casa e lavoro», cioè la sua vita (is vesogl)

   _s_ __   _s_ __ __ __ __ __ tra la casa e il lavoro.

4. Un animale molto lento, famoso per una corsa contro una lepre *(hare)*.

   (utratraga) _t_ __ __ __ __ __ __ __ __

B. Comprensione. Read the following questions, then watch the video segment again and write a brief reply in Italian.

1. Con chi parla al telefono Marco?

   _____

2. Quanti anni hanno i gemelli?

   _____

3. Dove studiano?

   _____

4. Dove vive e dove lavora la ragazza sposata con un tedesco?

   _____

5. Che cosa fanno le due sorelle più piccole della ragazza?

   _____

6. È sposata la donna la cui vita si svolge fra casa e lavoro?

   _____

7. Quali animali fanno parte di queste famiglie?

_____

8. Che tipo di famiglia vorrebbe la donna che è figlia unica?

_____

C. Interpretazione. Watch again the opening scene where Marco is speaking on his cell phone. Based on his intonation and body language, how do you think he feels about speaking to his mother? How are things going at home? Support your reply, in Italian, with information from the video.

_____

_____

_____

D. Cultura. Reply briefly in Italian.

1. Conosci l'espressione italiana «la mamma è sempre la mamma»? Essa esprime l'importanza del ruolo della mamma e l'affetto di ogni figlio. Come riflette la cultura italiana della famiglia questa espressione? C'è un'espressione simile nella tua lingua?

_____

_____

_____

2. All'inizio del video, Marco non può parlare con la mamma perché sta guidando la macchina. In Italia, infatti, è vietato *(forbidden)* dalla legge parlare al telefono mentre si guida. Bisogna usare il vivavoce *(speakerphone)*. Qual è la legge nel tuo paese?

_____

_____

E. Attività. Choose one of the speakers in this segment. In Italian, describe his/her family using your imagination in addition to the information you learned in the video. How large is the family? What do they do? Are there any pets?

_____

_____

_____

_____

_____

9

Capitolo

Ma come, non hai la macchina?

PAROLE ED ESPRESSIONI NUOVE

A. Salviamo la natura! Parliamo di ambiente ed ecologia. Abbinare le parole della colonna di sinistra con le definizioni della colonna di destra.

_____ 1. il motore

_____ 2. l'energia

_____ 3. l'ambiente

_____ 4. ragionevole

_____ 5. riciclare

_____ 6. potersi permettere

_____ 7. l'inquinamento

_____ 8. la porta

a. ciò che ci circonda

b. serve a produrre; c'è quella idroelettrica, o quella solare; ne abbiamo tutti bisogno molta!

c. un'idea che ha senso, o una persona che agisce con equilibrio

d. è importante per salvaguardare l'ambiente; di solito si fa con la carta, con il vetro e con i contenitori di plastica

e. la bicicletta non ne ha, la macchina ne ha uno

f. ogni stanza ne ha generalmente una

g. avere i soldi per poter comprare qualcosa; avere la possibilità di fare qualcosa

h. di solito ce n'è troppo in città

B. Un giro in macchina. Luca parla al telefono con un'amica e le racconta di un giro in macchina che vorrebbe fare. Scegliere la parola corretta per completare le frasi.

1. Ieri abbiamo (portato / preso) la macchina dal meccanico. Il meccanico l'ha controllata, e la macchina sta benissimo.

2. Vogliamo (portare / prendere) la macchina per (fare / andare) un giro in campagna.

3. Partiamo la settimana (dopo / prossima).

4. Speriamo di portare nostro fratello, ma lui deve (prendere / fare) un esame quella mattina.

5. Nostro fratello (segue / prende) un corso di fisica all'università.

6. Torniamo il giorno (prossimo / dopo) Pasqua.

STRUTTURA

Esprimere emozioni, desideri e speranze al passato

■ I. *Congiuntivo imperfetto e trapassato*

Rispettiamo l'ambiente! Carolina è un'ambientalista e da molti anni si preoccupa per l'ambiente. Le sue preoccupazioni e le sue speranze di oggi sono quelle di sempre. Riscrivere le frasi al passato, usando l'imperfetto o il trapassato del congiuntivo.

ESEMPIO   Temo che Luca arrivi in ritardo alla riunione.
Temevo che *Luca arrivasse in ritardo alla riunione.*

1. Ho paura che il livello di inquinamento in città aumenti. Avevo paura _____

   _____

2. I miei amici ambientalisti preferiscono che noi passiamo le vacanze in campeggio.
   Preferivano _____

   _____

3. Molte persone inquinano l'ambiente. Che forse loro non sappiano come rispettarlo?
   Che forse _____

   _____

4. Speriamo che la spiaggia sia stata ripulita. Speravamo _____

   _____

5. Non voglio una macchina per il compleanno. Preferisco che i miei genitori mi comprino un
   motorino o una bici. Preferivo _____

   _____

6. Io sono la prima persona che abbia mai lavorato come ambientalista nella nostra famiglia. Ero
   la prima persona _____

   _____

7. Mi fa piacere che tu sia interessato alla mia lotta per un ambiente più pulito.

   Mi faceva piacere _____

■ II. *Concordanza dei tempi nel congiuntivo*

Com'è difficile il congiuntivo! Tutti gli studenti di italiano trovano difficile imparare il congiuntivo! Riscrivere le frasi usando la forma corretta del congiuntivo presente, passato, imperfetto o trapassato.

ESEMPIO   Pensavo che fosse un bel libro.
Penso *che sia un bel libro.*

1. Spero che nell'esame non ci sia un esercizio sul congiuntivo!

   Speravo _____

2. Chi vorrebbe che gli amici studiassero anche la domenica?

   Chi avrebbe voluto _____

3. Non sapevo che cosa fosse il congiuntivo.

   Non so _____

4. Pare che venerdì ci sia un quiz.

   Pareva _____

5. È necessario che tu studi bene per quel quiz.

   Era necessario _____

6. Gli studenti credevano che il congiuntivo fosse facile da studiare!

   Gli studenti credono _____

Mettere in evidenza persone e oggetti

■ III. *Questo e quello e altri dimostrativi*

Questo o quello? Riscrivere le frasi usando *questo* e *quello*, seguendo l'esempio.

ESEMPIO Mi piace <u>la</u> macchina.
   a. *Mi piace questa macchina.*
   b. *Mi piace quella macchina.*

1. Scriviamo <u>la</u> lettera.

   a. _____

   b. _____

2. Pensavi di leggere <u>il</u> romanzo.

   a. _____

   b. _____

3. <u>Ciò</u> è bello.

   a. _____

   b. _____

4. Ecco la strada. È <u>la strada</u> che cercavi.

   a. _____

   b. _____

5. Andiamo in montagna con l'auto rossa.

   a. _____

   b. _____

6. Ci sono gli stranieri che fanno l'autostop.

   a. _____

   b. _____

7. Amanda ha portato il motorino.

   a. _____

   b. _____

(Stabilire una connessione tra due idee)

■ IV. *Pronomi relativi*

Il riciclaggio. Completare le frasi con la forma corretta di: *che; cui; chi; quale; quali.*

1. In Italia, ci sono delle persone _____ riciclano sempre i loro rifiuti.

2. Le «campane» sono i grandi contenitori in _____ le persone mettono i vetri.

3. _____ ha medicinali scaduti può riportarli in farmacia.

4. Tutti quelli _____ riciclano aiutano l'ambiente.

5. Per le pile usate, di _____ non sappiamo cosa fare, ci sono dei contenitori speciali.

6. La raccolta dei rifiuti solidi, la _____ funziona in tutta la penisola italiana, è una cosa davvero importante.

7. L'ambiente, _____ abbiamo il dovere di proteggere, è molto prezioso.

8. Tante persone sono a favore della legge _____ proibisce il fumo.

9. Invece di andare in macchina, dovremmo usare le biciclette, le _____ ci fanno anche bene!

10. Capisci le ragioni per _____ gli Amici della Terra vogliono proteggere l'ambiente?

SCRIVIAMO E COMUNICHIAMO!

Per comunicare

Dov'è Piazza San Marco? Siete a Venezia, vicino al Ponte di Rialto. Spiegate ad un turista come arrivare in Piazza San Marco.

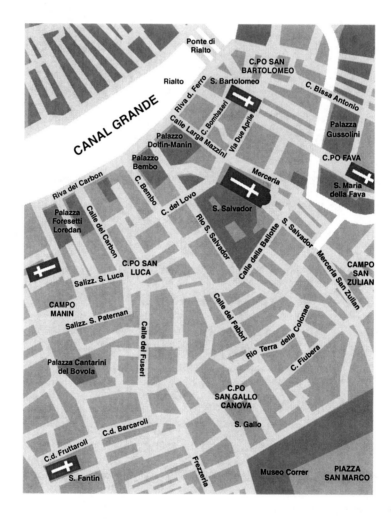

_____

_____

_____

_____

_____

_____

_____

_____

▥ Ora scrivi tu!

Sempre al telefonino? In Italia, come in molti altri paesi, i telefonini cellulari sono molto diffusi. Quasi tutti ne hanno uno, e lo usano sempre, anche in macchina. Pensi che sia una buon'idea utilizzare così tanto il telefonino? Ti sembra scortese quando gli altri usano i telefonini al ristorante o in altri luoghi pubblici? È necessario, secondo te, avere delle leggi che ne proibiscono l'uso nei luoghi pubblici? Esprimi la tua opinione, scrivendo un paragrafo di almeno 60 parole.

_____

_____

_____

_____

_____

_____

_____

_____

_____

Viaggio In Italia

L'automobile

L'uso della macchina è molto diffuso in tutta Italia, ma non a Venezia! Guarda il video sul sito web, **www.cengage.com/login**, per vedere come si va in giro a Venezia.

A. Vocabolario. After watching the video clip, choose the correct word or phrase to complete the following sentences.

1. (La barca / L'elicottero) è un mezzo di trasporto sull'acqua.

2. Il tempo sta diventando brutto, si sta proprio (riposando / guastando).

3. Devo portare la macchina dal meccanico per un (parcheggio / controllo).

4. Il meccanico deve controllare la pressione (delle gomme / atmosferica).

5. Guardare una cosa velocemente è dare (un'occhiata / una portiera).

6. Una persona inesperta può essere anche definita un (profano / genio).

7. Perfetto, va tutto bene, siamo (in difficoltà / a posto)!

B. Comprensione. Read the following questions, then watch the video segment again and write a brief reply in Italian.

1. Perché non si poteva girare a Venezia ieri? _____

_____

2. Qual è l'unico mezzo di trasporto a Venezia? _____

3. Perché Marco porta la sua Mini dal meccanico?

_____

4. Quanti chilometri ha fatto la sua macchina? _____

5. Scrivi alcune cose che il meccanico fa durante il controllo della macchina.

_____

_____

_____

_____

6. È soddisfatto del servizio Marco? _____

C. Interpretazione. Watch the video segment once more, paying particular attention to Marco's references to his car. Based on your observations, describe Marco's relationship with his Mini.

_____

_____

D. Cultura. Reply briefly in Italian.

Nel video Marco indica il famoso Ponte dei Sospiri *(Bridge of Sighs)* di Venezia. Questo ponte, costruito nel XVII secolo, conduceva alla prigione, e il termine «sospiri» si riferisce all'ultimo respiro dei prigionieri nel mondo libero. Conoscevi questo ponte? Quali sono le tue impressioni vedendolo nel video?

_____

_____

E. Attività. You are planning a trip to Venice. In Italian, write an itinerary that includes all of the modes of transportation you will use throughout your trip. How will you get to Italy? Where will you go? How will you travel from place to place?

_____

_____

_____

_____

_____

Cosa facciamo questa sera?

10

Capitolo

PAROLE ED ESPRESSIONI NUOVE

A. Scopri la parola! Mettere in ordine le lettere tra parentesi per trovare la parola nascosta che corrisponde alla definizione.

ESEMPIO   Dirige un film: (agesirt)

    _r_ _e_ _g_ _i_ _s_ _t_ _a_

1. Una persona che guarda la TV: (rteatoeseltpte)

   ____ ____ ____ ____ ____ ____ ____ ____ ____ ____ ____ ____ ____

2. Non spendere tutti i soldi: (isrmaerirap)

   ____ ____ ____ ____ ____ ____ ____ ____ ____ ____ ____

3. Interrompe spesso le trasmissioni: (itipcbàlub)

   ____ ____ ____ ____ ____ ____ ____ ____ ____

4. Le scritte che rappresentano i dialoghi poste sui bordi inferiori delle immagini di un film: (tlosoititot)

   ____ ____ ____ ____ ____ ____ ____ ____ ____ ____ ____

5. Fissare, riservare in anticipo: (erarteonp)

   ____ ____ ____ ____ ____ ____ ____ ____ ____

6. Adesso scrivere un breve paragrafo con le cinque parole appena indovinate.

   _____

   _____

   _____

   _____

B. Al cinema. Due amici al cinema parlano mentre aspettano che inizi il film. Scegliere la parola che completa meglio la frase.

1. Mi (piace / gode) tantissimo vedere i film dell'orrore!

2. Hai mai sentito (parlare / dire) di quel regista?

3. Io e Marco (sentiamo / ci sentiamo) al telefono ogni giorno.

4. In televisione hanno appena parlato di quell'ostaggio (rapito / rubato).

5. (Godi / Gradisci) qualcosa da bere? Offro io!

6. È molto tempo che non (sento / ricevo notizie) da Vittorio.

7. Oh no! Mi hanno (rapito / rubato) il portafoglio!

8. Credo di (sentire / sentirci) la voce di un mio amico.

75

STRUTTURA

Ordinare, esortare, pregare qualcuno di fare qualcosa

■ I. *Imperativo*

A. Comando io! A volte, alcune persone danno troppi ordini! Riscrivere le frasi secondo il modello usando la forma imperativa.

ESEMPI   Vai in Italia?
Va' in Italia!

           Va in Italia?
Vada in Italia!

1. Ascolti la musica italiana?

   _____

2. Compriamo questo televisore?

   _____

3. Scrive la sceneggiatura?

   _____

4. Canti «Nessun dorma»?

   _____

5. Assistete al concerto di Zucchero?

   _____

6. Dai il CD a Marco?

   _____

7. Sta qui domani sera?

   _____

8. Bevono il chinotto al concerto?

   _____

9. Mangiamo qualcosa al bar?

   _____

10. Siete tranquilli mentre guardate la televisione?

    _____

11. Guardi l'ultima puntata del *Grande Fratello?*

    _____

B. Non compriamo quel CD! Tu e tuo fratello non siete mai d'accordo! Lui dice sempre l'opposto di quello che dici tu. Riscrivere le frasi al negativo usando la forma imperativa.

ESEMPIO   Leggi questo romanzo!
Non leggere questo romanzo!

              Guardi il film!
Non guardi il film!

1. Finiamo di leggere questo brano!

   _____

2. Ascoltate le canzoni di Andrea Bocelli!

   _____

3. Scegli un video da vedere!

   _____

4. Vada a piedi al cinema!

   _____

5. Dia la sceneggiatura a Roberto Benigni!

   _____

6. Di' «buona sera» a Pavarotti!

   _____

7. Accendiamo il televisore alle otto!

   _____

8. Trova lavoro in una rete televisiva!

   _____

C. Agli ordini! Ognuno di noi ha un amico a cui piace dare ordini. Riscrivere le frasi con i pronomi corretti. Fare le modifiche necessarie.

ESEMPIO   Leggiamo la sceneggiatura.
Leggiamola!

1. Ascolta la musica di Eros Ramazzotti.

   _____

2. Va' in Italia, guarda i film di Fellini.

   _____

3. Accendete la radio.

   _____

4. Spegniamo lo stereo.

   _____

5. Comprami un lettore MP3.

   _____

6. Mi compri un telefonino con lo schermo.

   _____

7. Guarda il festival di Sanremo.

_____

8. Dammi il telecomando.

_____

9. Non preparargli la zuppa di pesce.

_____

10. Non facciamo una passeggiata.

_____

11. L'autografo? Chiedilo a Tiziano Ferro.

_____

(Esprimere apprezzamento)

■ II. *Come e quanto nelle esclamazioni*

Che bello! Marianna esprime sempre i suoi commenti su tutto, anche quando non sono richiesti! Tradurre le seguenti esclamazioni dall'inglese all'italiano usando *come*, *quanto* o *che*.

1. What a good movie!

_____

2. That actor is so good!

_____

3. What a long commercial!

_____

4. We had so much fun at the theater!

_____

5. This plot is so sad!

_____

6. The actors in this film act so well!

_____

(Sostituire persone e cose)

■ III. *Pronomi tonici*

Lo faccio da me! Carlino ha grandi ambizioni! Vuole fare un nuovo programma televisivo e ne parla con un amico. Scegliere il pronome corretto per completare il suo discorso.

1. Io vorrei fare un nuovo programma televisivo. Vorresti farlo con (me / io / esso)?

2. L'argomento è la storia di mia sorella. Sì, di (lei / lui / essa)!

3. Mia sorella parla sempre, anche quando non c'è nessuno. Sì, parla a (lei stessa / sé stessa / loro stessi)!

4. Sai, vive ancora con i nostri genitori. Vivrà con (essi / loro / li) per tutta la vita!

5. I miei genitori sono troppo simpatici. Mia sorella non potrebbe vivere senza (loro / di loro / di sé).

6. Abbiamo anche un cane in casa. Vive con (noi / nostro / ci) da tre anni.

7. Vorresti fare parte del film? Forse lei parlerà con (tu / te / voi).

8. Io e mia sorella non andiamo d'accordo. Lei non è gentile con (io / mi / me).

9. È vero, esiste tanta ostilità (fra di noi / tra loro / fra di noi stessi).

10. Ho cambiato idea. Facciamo invece un programma sui cani. Sì, (essi / lui / esse) sono sempre molto apprezzati.

 SCRIVIAMO E COMUNICHIAMO!

Per comunicare

Che sorpresa! È il compleanno di Cristina. Lorenzo ha organizzato una festa a sorpresa con cinque amici. Ogni amico ha portato un regalo. Scrivi quale regalo ha portato ciascun amico e cosa dice Cristina quando lo vede. Usa le espressioni nella sezione *Per comunicare* alla fine del Capitolo 10 del testo.

ESEMPIO Lorenzo: *un lettore MP3*
Cristina: *Magnifico!*

DIEGO: _____

CRISTINA: _____

MARIA: _____

CRISTINA: _____

CECILIA: _____

CRISTINA: _____

BARBARA: _____

CRISTINA: _____

FAUSTO: _____

CRISTINA: _____

■ Ora scrivi tu!

In questo capitolo hai imparato nuove parole ed espressioni per parlare della televisione, del cinema e della musica. Adesso scrivi una breve composizione (circa 60 parole) e racconta un film italiano che hai visto, oppure parla di uno spettacolo italiano che conosci o di una canzone italiana che ti piace particolarmente.

_____

_____

_____

_____

_____

_____

_____

_____

Viaggio In Italia

La televisione

La televisione è una finestra sulla cultura di un paese! Guarda il video sul sito web **www.cengage.com/login** e scopri gli interessi televisivi delle persone intervistate.

A. Vocabolario. After watching the video clip, match the words with their definitions.

_____ 1. le partite   a. forse

_____ 2. la rete (televisiva)   b. il capo

_____ 3. magari   c. dittatura, dispotismo

_____ 4. la tirannia   d. competizioni sportive

_____ 5. il padrone   e. cose di poca importanza

_____ 6. sciocchezze   f. il canale

B. Comprensione. Read the following questions, then watch the video segment again and write a brief reply in Italian.

1. Quali sono le previsioni del tempo al Nord?

   _____

2. Che cosa vuole vedere Marco alla televisione?

   _____

3. Riesce a trovarla? _____

4. Che cosa piace vedere alle persone intervistate? Specifica quattro tipi di programmi.

   a. _____

   b. _____

   c. _____

   d. _____

5. Perché all'ultima donna intervistata non piace la televisione?

   _____

C. Interpretazione. Based on the comments in the video segment, do you think that the people being interviewed are satisfied with the offerings on television? Support your reply, in Italian, with examples from the video.

_____

_____

_____

_____

D. Cultura. Reply briefly in Italian.

Uno degli intervistati dice che secondo lui in Italia c'è solo un padrone della televisione. Si riferisce a Silvio Berlusconi, un uomo politico (ma anche imprenditore e uomo d'affari) che possiede alcune reti televisive. Nel tuo paese c'è un politico o un partito (political party) che possiede delle reti televisive? Che cosa ne pensi?

_____

_____

E. Attività. Create your own program for TV and describe it in Italian. What type of program (drama, sitcom, reality show, game show . . .) will it be? What happens in a typical episode?

_____

_____

_____

_____

_____

Se gli esami andassero sempre bene!

PAROLE ED ESPRESSIONI NUOVE

A. Speriamo di passare l'esame! Gli studenti universitari hanno sempre molte preoccupazioni! Devono decidere il piano di studi, pagare le tasse, seguire i corsi e studiare per gli esami. Scegliere la risposta corretta per completare le seguenti frasi.

1. Domani è l'ultimo giorno per pagare...
   a. la linguistica.
   b. la media.
   c. le tasse universitarie.

2. Sono proprio contenta! Nell'esame ho preso...
   a. trenta e lode.
   b. una media bassa.
   c. gli appunti.

3. Questa università è molto cara. Per fortuna, ho vinto...
   a. il piano di studio.
   b. la tesi.
   c. una borsa di studio.

4. Ho terminato tutti gli esami universitari. Ora devo solo scrivere...
   a. la tesi.
   b. il dipartimento.
   c. la facoltà.

5. Ogni studente spera di...
   a. sostenere un esame ogni giorno.
   b. superare ogni esame.
   c. frequentare corsi noiosi.

6. Tutti gli studenti vorrebbero...
   a. una media alta.
   b. le scienze gastronomiche.
   c. prendere sempre diciotto.

7. E tu? Quali sono le tue preoccupazioni e le tue speranze come studente / studentessa universitario/a?

   _____

   _____

B. Presentare o introdurre? Pauline, una ragazza canadese, non sa quale parola usare. Bisogna aiutarla! Scegliere la parola che completa meglio la sua frase.

1. Quell'azienda è in bancarotta. È (fallita / mancata) il mese scorso.

2. Se stasera vieni alla festa ti (presento / introduco) il mio ragazzo!

3. Che brutta giornata! Sono stata (fallita / bocciata) all'esame di chimica.

4. Per pagare, basta (presentare / introdurre) il denaro o la tessera nella macchina elettronica.

5. Non (mancherò / fallirò) di fartelo sapere.

6. Quella persona è sempre vestita male. Non (presenta / si presenta) certo bene!

STRUTTURA

Parlare di situazioni reali o ipotetiche

I. *Periodo ipotetico con se*

A. Probabilità, possibilità o impossibilità? Tre amici sono stati alla festa di Roberto e il giorno dopo si scambiano commenti. Cambiare le frasi secondo il modello.

ESEMPIO   MARCO: Se mangio troppi dolci, sto male.

CARLA: D'accordo! *Se mangiassi troppi dolci, anch'io starei male.*

LORENA: *Se avessi mangiato troppi dolci alla festa di ieri, sarei stata male!*
Per fortuna ne ho mangiati pochi.

1. MARCO: Se Roberto parla molto, io mi addormento.

    CARLA: D'accordo! _____

    _____

    LORENA: _____

    _____

    _____ Per fortuna Roberto non mi ha parlato.

2. MARCO: Se mettono un disco di Tiziano Ferro, ballo.

    CARLA: D'accordo! _____

    _____

    LORENA: _____

    _____

    _____ Purtroppo non avevano un suo CD.

3. MARCO: Se c'è la chitarra, la suono.

   CARLA: D'accordo! _____

   _____

   LORENA: _____

   _____

   _____ Purtroppo nessuno l'aveva portata.

B. Se fossi tu, cosa faresti? Luigi pensa a tutte le possibilità della sua vita. Completare le sue frasi ipotetiche con la forma corretta del verbo, all'indicativo o al condizionale.

1. Se vado a Milano, (potere) _____ frequentare l'università.

2. Se andassi a Milano, non (sapere) _____ a quale facoltà iscrivermi.

3. Se studio ingegneria, (essere) _____ più facile che io trovi un buon lavoro.

4. Se avessi studiato di più al liceo, (ricevere) _____ dei voti migliori in matematica.

5. Se non avessi dormito a lezione, il professore non mi (bocciare)

   _____ .

6. Se io fossi stato ricco, (comprare) _____ un biglietto aereo e (andare) _____ a Londra.

7. Se vado in Inghilterra, (dovere) _____ parlare inglese.

8. Se potessi tornare indietro nel tempo, (studiare) _____ l'inglese!

Dare un suggerimento. Esprimere un dubbio.

II. *Altri usi di se*

Che cosa pensano gli studenti all'esame? Completare le frasi in modo originale.

1. Non so se...

   _____

2. Avrei studiato la *Divina Commedia* se...

   _____

3. Voglio sapere se...

   _____

4. Studierei di meno se...

   _____

5. Studierei di più se...

_____

6. La professoressa mi chiede se...

_____

7. I miei genitori vengono a prendermi se...

_____

8. La mia ragazza non mi parlerà mai più se...

_____

Modificare il senso della frase

III. *Avverbi*

Come si dice... ? Pina vuole parlare italiano, ma a volte non sa come dire alcune cose. Aiutiamola a tradurre le seguenti frasi dall'inglese all'italiano.

1. This morning I woke up late.

_____

2. Alfredo is never rude.

_____

3. We would very gladly come to the party.

_____

4. Please, don't speak too quickly in Italian! I don't understand!

_____

5. Today I don't feel very well.

_____

6. Those two boys often study together.

_____

7. Did you already call the doctor?

_____

8. No, I haven't called him yet.

_____

9. Luckily, classes are over!

_____

10. What a great show! We really liked it.

_____

Fare paragoni

■ IV. *Comparativi*

Luciano è un Italiano di Firenze che ha trascorso un semestre in Canada. Adesso è tornato in Italia e parla della sua esperienza. Completare le frasi con il comparativo adatto *(così / come, tanto / quanto, più (meno) di / che)*. Fare le modifiche necessarie.

1. Il volo da Roma a Toronto è durato _____ _____ sette ore.

2. Il film che ho visto in aereo era _____ lungo _____ volo.

3. A Toronto c'era tanta neve! Faceva _____ freddo in Canada _____ in Italia.

4. Siamo andati in macchina all'albergo. Ho notato subito che le macchine in Canada sono generalmente _____ grandi _____ macchine in Italia.

5. Volevo affittare una Vespa, però ci sono _____ motorini in Canada _____ in Italia.

6. I motorini in inverno sono _____ utili _____ belli.

7. Abbiamo fatto una gita in Quebec, dove la gente parla _____ inglese _____ francese.

8. Siamo andati a vedere le cascate del Niagara. Ho visto _____ acqua _____ quanto immaginavo!

9. Ho comprato qualche ricordo da portare a casa. Marina ha comprato _____ ricordi _____ me.

10. In tutto, ho trascorso _____ _____ quattro mesi in Canada.

■ V. *Superlativi*

A. Bellissimo! Riscrivere le frasi usando il superlativo relativo e il superlativo assoluto secondo l'esempio dato. Dare il contrario nella seconda parte.

ESEMPIO   È un corso interessante.

            È il corso *più interessante*. È *interessantissimo*.

            È il corso *meno interessante*. È *noiosissimo*.

1. È un esame difficile.

   È l'esame _____. È _____.

   È l'esame _____. È _____.

2. È una professoressa simpatica.

È la professoressa _____. È _____.

È la professoressa _____. È _____.

3. Che libro lungo!

È il libro _____. È _____.

È il libro _____. È _____.

B. L'italiano è la lingua più bella che io conosca! Riscrivere le frasi usando il superlativo relativo e il congiuntivo come nell'esempio dato.

ESEMPIO   Ho un libro. È interessante.

È il libro più interessante che io abbia.

1. Conosco quelle persone. Sono simpatiche.

_____

2. Voi ascoltate quella canzone. È allegra.

_____

3. Ci sono molti ragazzi. Sono alti.

_____

▪ VI. *Comparativi e superlativi irregolari*

È il migliore! Completare le frasi con le parole della lista.

migliore   ottima   inferiore   peggiore

minori   meglio   maggiore   massima

1. Sono felice. Tutto va bene. Non potrebbe andare _____.

2. Io ho diciannove anni. Mio fratello ha quindici anni. Io sono _____.

3. Mi ha presentato il suo _____ amico.

4. Alessandro ha preso 18 nell'esame. Marco ha preso 25. Alessandro ha preso un voto

_____.

5. In questo negozio i prezzi sono _____.

6. Questa torta è buonissima. È _____!

7. Ieri faceva caldo. La temperatura _____ è stata di 35 gradi

centigradi.

8. Il prezzo di questo golfino è più basso, ma anche la qualità mi sembra

_____.

SCRIVIAMO E COMUNICHIAMO!

Per comunicare

Che esame difficile! Roberto e Alice hanno appena sostenuto un esame scritto di storia. Alice crede di avere risposto bene a tutte le domande, ma Roberto pensa di essere andato male e ha paura di essere bocciato. Scrivi un breve dialogo (di almeno dieci frasi) tra Alice e Roberto. Usa le espressioni nella sezione *Per comunicare* alla fine del Capitolo 11 del testo.

ALICE: _____

ROBERTO: _____

ALICE: _____

ROBERTO: _____

_____

ALICE: _____

_____

ROBERTO: _____

_____

ALICE: _____

_____

ROBERTO: _____

_____

ALICE: _____

ROBERTO: _____

■ Ora scrivi tu!

In questo capitolo hai imparato nuove parole ed espressioni per parlare dell'università e delle scuole superiori. Adesso racconta qualcosa di te stesso/a e dei tuoi studi. Che cosa studi? Perché hai fatto questa scelta? Quali sono le difficoltà che devi affrontare? E le soddisfazioni che ricevi? Parla della tua esperienza in un paragrafo di almeno 60 parole. Includi almeno due frasi ipotetiche.

_____

_____

_____

_____

_____

_____

_____

_____

_____

_____

Viaggio In Italia

L'isola deserta

Se dovessi partire per un'isola deserta, che cosa porteresti? Guarda il video sul sito web **www.cengage.com/login** e scopri quello che porterebbero alcuni Italiani.

A. Vocabolario. After watching the video clip, choose the word or phrase that best completes the sentence.

1. Vado al mare. Ho bisogno di un costume (da bagno / di carnevale) per nuotare e (degli stivali / delle ciabatte) per camminare sulla spiaggia.

2. Un'altra parola per «spirito» è (animo / corpo).

3. «In ogni posto» vuol dire (ovunque / da nessuna parte).

B. Comprensione. Read the following questions, then watch the video segment and write a brief reply in Italian.

1. Che cosa porterebbe il primo ragazzo intervistato?

_____

2. Che cosa porterebbe la prima donna che parla?

_____

3. Quante persone porterebbero il costume da bagno?

_____

4. Una donna dice che porterebbe gli occhiali. Perché?

_____

5. Che cosa sarebbe meglio portare, secondo l'ultima donna intervistata?

_____

6. Scrivi altre tre cose che le persone intervistate porterebbero.

_____

_____

_____

C. Interpretazione. In the video, one man does not give a spoken reply. Watch the segment again, and observe his body language closely. What is he thinking? What do you think he would like to bring? Write your reply in Italian.

_____

_____

D. Cultura. Reply briefly in Italian.

Nel video la gente intervistata ha risposto in modo molto vario. Se questa domanda fosse fatta nel tuo paese, quali pensi che sarebbero le risposte tipiche? Scrivine tre.

_____

_____

_____

E. Attività. Imagine a situation similar to the one proposed here and write a hypothetical question of your own in Italian. How would people reply to your question? Write five possible responses, including one from Marco.

1. _____

2. _____

3. _____

4. _____

5. _____

Donne e lavoro

12

Capitolo

PAROLE ED ESPRESSIONI NUOVE

A. La vita di una donna italiana. Santina è una donna sposata di trentadue anni. Ha un figlio di tre anni e lavora all'ufficio postale. Ci sono sempre tante cose da fare! Santina descrive una sua giornata tipica. Mettere in ordine le frasi con i numeri dall'uno al dieci.

_____ Mi alzo poco dopo, quando sento piangere Fausto, mio figlio.

_____ Per pranzo, prendo qualcosa da mangiare al lavoro.

_____ Dopo cena andiamo spesso da mia sorella che è in maternità. Il parto sarà fra due mesi e lei ha bisogno di aiuto in casa.

_____ Mi prendo cura del bambino, mentre mio marito dorme.

__1__ Di solito, mi sveglio alle cinque di mattina.

_____ Poi, vado all'ufficio postale. Sia io che mio marito lavoriamo; abbiamo bisogno di due stipendi.

_____ Porto Fausto all'asilo nido.

_____ Al lavoro, mi occupo subito di tante cose e di tanta gente.

_____ Ceniamo a casa. Non possiamo permetterci di mangiare al ristorante.

_____ È difficile conciliare il lavoro, il figlio e il marito. Le ore della giornata non mi bastano! Tutti i giorni, però, supero ogni difficoltà, e alle dieci vado finalmente a letto.

E tu, cosa fai ogni giorno? Scrivi un breve paragrafo, elencando dieci cose che fai ogni giorno come parte della tua routine.

_____

_____

_____

_____

B. Che cosa si aspettano? Ognuno si aspetta qualcosa dalla famiglia, dal lavoro, da se stesso. Ecco i pensieri della famiglia Melluso. Scegliere la parola che completa meglio la frase.

1. La figlia (aspetta / si aspetta di) tante e-mail dai suoi amici.

2. La mamma (aspetta che / si aspetta di) parlare con il marito di sera.

3. Ci sono sempre (molte discussioni / molti argomenti) quando i figli vogliono usare il lettore MP3 allo stesso tempo.

4. Al padre piace leggere molto. Trova affascinante qualsiasi (discussione / argomento) sui film.

5. Quando i bambini giocano, (fanno finta / pretendono) di essere extraterrestri.

6. Il padre non (finge / pretende) che la madre faccia tutte le faccende di casa.

STRUTTURA

I modi indefiniti del verbo. Il verbo in funzione di sostantivo.

■ I. *Infinito*

A. Povera Marta! Quali sono le preoccupazioni di Marta? Completare ogni frase con la preposizione corretta, quando è necessaria.

1. Mi sono abituata _____ fumare molte sigarette.

2. Non finisco mai _____ pulire la casa.

3. Vorrei _____ trovare un nuovo lavoro.

4. Devo continuare _____ fare la dieta.

5. Non penso _____ essere capace _____ fare tutto!

6. Sto per avere una bambina. Per fortuna la maternità è facile _____ ottenere!

7. Non compro vestiti senza _____ il parere della mia migliore amica.

8. Vorrei frequentare corsi all'università invece _____ lavorare.

9. Ho paura _____ uscire da sola a mezzanotte.

10. Finirò _____ stancarmi di tutto e tornare dai miei genitori!

B. Altre preoccupazioni. Riscrivere i pensieri di Marta dal presente al passato, usando l'infinito passato.

ESEMPIO   Temo di perdere l'autobus.
             Temo di avere perso l'autobus.

1. Temo di spendere troppo per il medico.

   _____

2. Sono felice di essere una donna indipendente.

   _____

3. La nonna è contenta di avere un marito simpatico e carino.

   _____

4. Mio marito spera di trovare un altro lavoro.

   _____

5. Mia figlia crede di ottenere un buon impiego.

   _____

6. Mia madre dice di sentire delle voci.

   _____

7. Io penso di diventare ricca.

   _____

Forme implicite del verbo

II. *Gerundio*

Una famiglia molto impegnata! La famiglia Battaini è molto numerosa e tutti sono sempre molto impegnati. Cosa stanno facendo stasera? Adele ci racconta una tipica serata in famiglia. Riscrivere le frasi usando il gerundio presente e poi quello passato secondo l'esempio.

ESEMPIO Io parlo al telefono.
Io sto parlando al telefono.
Io stavo parlando al telefono.

1. Enrico legge.

   _____

   _____

2. Silvia e Gabriella giocano a carte.

   _____

   _____

3. Credo che voi vi divertiate.

   _____

   Credevo che _____

4. Il papà lavora un po' al computer.

   _____

   _____

5. Io e Giovanna ci prepariamo per uscire.

   _____

   _____

6. La mamma e Paola guardano un film.

   _____

   _____

7. E tu, cosa fai?

   _____

   _____

■ III. *Participio*

A. Aggettivo, nome o verbo? Indicare se i seguenti participi presenti sono usati come aggettivi, nomi o verbi, e scrivere il verbo dal quale sono derivati.

ESEMPIO Gli <u>abitanti</u> di Milano superano i due milioni.
nome, abitare

1. Andrea Bocelli è uno dei miei <u>cantanti</u> preferiti.

   _____

2. Quella ragazza è sempre <u>sorridente</u>.

   _____

3. In questa classe ci sono dei bravi <u>studenti</u>.

   _____

4. Ho ricevuto un pacco <u>contenente</u> i libri d'arte.

   _____

5. È un documentario <u>interessante</u>.

   _____

6. Hanno comprato un quadro <u>raffigurante</u> un paesaggio montano.

   _____

B. Una tipica giornata. Giovanna, una giovane donna sposata da due anni e impiegata a tempo pieno, racconta la sua giornata. Completare il seguente paragrafo con la forma corretta del participio passato.

Stamattina mi sono (alzare) _____ alle 6.30. Ho (fare) _____

colazione, mi sono (lavare) _____ e (vestire) _____ e sono (uscire)

_____ per andare al lavoro.

In ufficio avevo così tante cose da fare che non sono nemmeno (riuscire) _____

a pranzare. Il mio capo mi ha (telefonare) _____ alle 2.00 del pomeriggio per dirmi

che sarebbe (arrivare) _____ tardi all'appuntamento che aveva con alcuni clienti.

I clienti sono (rimanere) _____ ad aspettare in ufficio fino alle 3.00! Poi, finalmente,

il mio capo è (arrivare) _____.

Alle 5.00 ho (spegnere) _____ il computer, sono (uscire) _____

dall'ufficio e sono (andare) _____ in palestra con la mia amica. Abbiamo (fare)

_____ ginnastica aerobica e ci siamo (stancare) _____ molto. Sono

(ritornare) _____ a casa alle 7.00, ho (cenare) _____, e poi io e mio

marito ci siamo (riposare) _____ sul divano e abbiamo (vedere) _____

un bel film alla televisione.

SCRIVIAMO E COMUNICHIAMO!

Per comunicare

Un aumento di stipendio. Anna è ingegnere e lavora alla FIAT. Torna a casa con buone notizie! Che cosa ne pensa il suo ragazzo Alberto? Scrivere le risposte adatte usando le espressioni nella sezione *Per comunicare* alla fine del Capitolo 12 del testo.

ANNA: Alberto, dove sei? Sono arrivata!

ALBERTO: _____

ANNA: Mio caro, ho delle buone notizie.

ALBERTO: _____

ANNA: Ho parlato con il mio capo oggi. Mi ha detto che quest'anno sono stata bravissima!

ALBERTO: _____

ANNA: Mi ha dato un aumento di stipendio!

ALBERTO: _____

ANNA: Dobbiamo festeggiare. Andiamo al ristorante o al cinema?

ALBERTO: _____

ANNA: Hai fame o no?

ALBERTO: _____

ANNA: Non voglio decidere sempre tutto io!

ALBERTO: _____

ANNA: A proposito, mi hanno offerto anche un nuovo posto di lavoro. Potremo trasferirci a New York! Che ne pensi?

ALBERTO: _____

ANNA: Lo sapevo!

■ Ora scrivi tu!

Quali sono le occupazioni di Rosalba, Chiara e Paola? Guardando i disegni, immaginare chi sono queste donne. Scrivere tre paragrafi spiegando chi sono e cosa fanno.

ROSALBA   CHIARA   PAOLA

_____

_____

_____

_____

_____

_____

_____

_____

_____

_____

_____

_____

_____

_____

_____

_____

_____

Il matrimonio

Sposarsi o non sposarsi? Guarda il video sul sito web **www.cengage.com/login** per sentire il punto di vista di un ragazzo italiano riguardo al matrimonio.

A. Vocabolario. After watching the video clip, match the words or phrases with their English translations.

_____ 1. non vale più niente   a. *rate*

_____ 2. tasso   b. *value*

_____ 3. valore   c. *parish*

_____ 4. appunto   d. *it no longer has any value*

_____ 5. parrocchia   e. *that's it*

B. Comprensione. Read the following questions, then watch the video segment again and write a brief reply in Italian.

1. Perché all'inizio il ragazzo sostiene che il matrimonio non vale più niente?

   _____

2. Secondo lui, per quanto rimane insieme la gente che si sposa con convinzione?

   _____

3. Quale parrocchia scelgono di solito le persone che si sposano in chiesa?

   _____

4. Dove si continua la festa di solito?

   _____

5. Quanto dura la festa?

   _____

C. Interpretazione. Watch the video segment once more, with particular attention to the speaker's comments about the value of marriage. Does he contradict himself? What do you think is his true opinion? Explain your answer in Italian.

_____

_____

_____

_____

D. Cultura. Reply briefly in Italian.

1. Di solito, dopo la cerimonia di matrimonio gli sposi e gli invitati continuano i festeggiamenti con un ricevimento che ha luogo in un ristorante, un castello o un parco. Come festeggiate i matrimoni nel tuo paese?

   _____

   _____

2. Pensi che nel tuo paese il matrimonio abbia perso il suo valore? Spiega.

   _____

   _____

E. Attività. Imagine that Marco is in love with Laura, a college student, and would like to marry her. Laura wants to become a lawyer and has no plans to marry in the near future. Write a dialogue in Italian in which Marco proposes to Laura. What is her reaction? What will happen?

_____

_____

_____

_____

_____

_____

_____

_____

_____

_____

_____

La salute e lo sport

PAROLE ED ESPRESSIONI NUOVE

A. L'attività fisica. Silvia ha deciso di fare attività fisica ogni giorno. Ne parla con un'amica. Quali parole usa? Mettere in ordine le lettere fra parentesi per trovare la parola nascosta che corrisponde alla definizione.

ESEMPIO   Uno svago, un divertimento (zseaidrnito)
        distrazione

1. Il ballo (azdna)

    _____ _____ _____ _____ _____

2. Si pratica al mare, o in piscina (outno)

    _____ _____ _____ _____ _____

3. Tenersi in forma, non ingrassare (nmeeatnre al aniel)

    _____ _____ _____ _____ _____ _____ _____ _____   _____ _____

    _____ _____ _____ _____ _____

4. Un'escursione (atig)

    _____ _____ _____ _____

5. Un membro (oisco)

    _____ _____ _____ _____ _____

6. In questo luogo si fa molta ginnastica (apeartls)

    _____ _____ _____ _____ _____ _____ _____ _____

7. Soccorre le persone in caso di emergenza, le porta all'ospedale (azumablna)

    _____ _____ _____ _____ _____ _____ _____ _____ _____

8. Aiutano le persone che non possono camminare bene a camminare meglio (pseltalme)

    _____ _____ _____ _____ _____ _____ _____ _____ _____

B. Simpatico o antipatico? Marie Noelle e Luke sono due giovani stranieri che studiano in Italia per un semestre. Sono diventati amici e frequentano gli stessi corsi all'università. Mentre mangiano un panino a pranzo, parlano dei corsi, dei professori e dei compagni. Completare i loro commenti usando le parole nella sezione *Vocabolario utile* del Capitolo 13 del testo.

1. Il corso di storia è difficile, ma il professore è molto _____.

2. Quei due studenti non sono bravi. Studiano poco e poi si lamentano se sono bocciati. Non ho

    nessuna _____ per loro.

3. La professoressa di italiano è sicuramente la più _____!

4. Hai visto com'è difficile l'esame di linguistica? E poi il professore è così severo che non ci

_____ certo la vita più facile.

5. Com'è brava la professoressa di arte! E poi credo che per me provi molta

_____ .

6. A te è _____ quell'assistente? A me è molto

_____ ! Il suo corso, però, è davvero interessante.

STRUTTURA

Parlare di relazioni causali

I. *Fare + infinito*

Che cosa le ha fatto fare? Margherita è andata a trovare sua madre per preparare una cena per festeggiare l'uscita dall'ospedale di sua zia. C'erano tante cose da fare! Spiegare quello che ha fatto, riscrivendo le frasi secondo il modello.

ESEMPI　Fanno cucinare Margherita. (le lasagne)
Fanno cucinare le lasagne a Margherita.

　　　　　La fanno lavare. (i piatti)
Le fanno lavare i piatti.

1. La mamma fa suonare Margherita. (il sassofono)

_____

2. Margherita fa cuocere. (il vitello)

_____

3. Fanno cantare suo fratello. (*Nessun dorma*)

_____

4. Lo fanno scrivere. (un biglietto di auguri)

_____

5. Carlo fa leggere Margherita. (le notizie)

_____

6. La fanno friggere. (le patate)

_____

7. Hanno fatto pagare Luisa. (le spese)

_____

8. Li ha fatti mangiare. (la cena)

   _____

9. Fatela mangiare! (l'antipasto)

   _____

Permettere a qualcuno di fare qualcosa

II. *Lasciare + infinito*

Chi mi permette di andare via? Scrivere la storia usando *lasciare + infinito* secondo il modello.

ESEMPIO   Il medico / zia Annabella / andare via
Il medico lascia andare via zia Annabella.

1. Roberto / il medico / parlare

   _____

2. Zia Annabella / il medico / firmare il modulo

   _____

3. L'infermiera / Roberto / accendere la TV

   _____

4. Zia Annabella / Roberto / telefonare

   _____

5. Loro / Valentina / guidare

   _____

6. La zia / Valentina / aprire la porta

   _____

7. Marta / la zia / dormire

   _____

8. Roberto / il gatto / entrare

   _____

9. Il gatto / il topo / mangiare il formaggio

   _____

10. Il gatto / lui (il topo) / mangiarlo

    _____

■ III. *Verbi di percezione + infinito*

Un pomeriggio al parco. Un gruppo di amici passa un pomeriggio al parco sulla riva del lago di Garda. Barbara racconta quello che fanno le persone. Riscrivere le frasi sostituendo l'infinito a *che + verbo* come nell'esempio.

ESEMPIO   Sento una barca che parte.
Sento partire una barca.

1. Guardo alcuni ragazzi che giocano a pallone. Sono bravi!

_____

2. Il bagnino *(life guard)* osserva la gente che nuota.

_____

3. Si sentono i bambini che ridono e si divertono sull'altalena *(swing)*.

_____

4. Osservo due ragazze che corrono. Mi sembrano più in forma di me!

_____

5. Vedi anche tu altri nostri amici che arrivano?

_____

6. Ascoltiamo una nostra amica che suona la chitarra.

_____

(**Parlare di persone, cose o eventi in successione**)

■ IV. *Numeri ordinali*

Quante volte? Gianni racconta la storia di sua sorella. Completare le frasi scrivendo la forma corretta del numero ordinale o la frazione fra parentesi.

ESEMPIO   (3) Questa è la *terza* volta che mi rompo il braccio.

1. (5) Maria è la mia _____ sorella. È infermiera.

2. (60) Oggi è il suo _____ giorno in ospedale.

3. (9) Questo è il suo _____ lavoro.

4. (1) Domani sarà il _____ aprile.

5. (28) Presto sarà il suo _____ compleanno.

6. (1.000) È la _____ volta che telefono a Maria.

7. (4) Andiamo insieme a vedere «Enrico _____».

8. (20) *Madama Butterfly* di Puccini fu scritto nel Novecento, cioè nel

   _____ secolo.

9. (3/4) Quarantacinque minuti sono _____ d'ora!

10. (1/2) Ho comprato _____ litro di acqua minerale.

Relazioni di una parola con un'altra

■ V. *Preposizioni*

Dal dottore! Oggi ci sono molti pazienti nella sala d'attesa del Dottor Zema; alcuni sono soli, altri in compagnia. Che cosa si dicono? Completare le seguenti frasi con la preposizione corretta (semplice o articolata).

ESEMPI   La ringrazio _____ il Suo disturbo, dottore.

La ringrazio _*per*_ il Suo disturbo, dottore.

Mi meraviglio _____ (il) tuo coraggio.

Mi meraviglio _*del*_ tuo coraggio.

1. Ieri mi sono appoggiato _____ (il) tavolo, ma poi sono scivolato e sono caduto. Ho paura di essermi rotto un braccio.

2. Mio marito soffre _____ reumatismi. Questo dottore dovrebbe aiutarlo.

3. Non pensare troppo _____ (i) tuoi mali; non è niente di grave.

4. Non so per quanto dovrò continuare questa cura. Dipende _____ come mi trova oggi il dottore.

5. Il dottore dice che dovrei dimagrire, ma io non posso fare a meno _____ mangiare dolci!

6. L'infermiera è sempre gentile _____ tutti.

7. Ringraziamo _____ avere un dottore così bravo! Sono contento _____ essere suo paziente.

8. E speriamo _____ tempi migliori!

SCRIVIAMO E COMUNICHIAMO!

(**Per comunicare**)

Come stai? Caterina è al supermercato, dove incontra Luigi, un collega dell'università. È da due mesi che Caterina non lo vede, ed è sorpresa quando nota che Luigi ha un'ingessatura alla gamba! Di che cosa parlano? Scrivere il loro dialogo, usando le espressioni nella sezione *Per comunicare* alla fine del Capitolo 13 del testo.

CATERINA: _____

LUIGI: _____

CATERINA: _____

_____

LUIGI: _____

CATERINA: _____

_____

LUIGI: _____

_____

CATERINA: _____

_____

LUIGI: _____

_____

CATERINA: _____

_____

LUIGI: _____

_____

CATERINA: _____

LUIGI: _____

▥ Ora scrivi tu!

In questo capitolo hai imparato nuove parole ed espressioni per parlare della salute e del servizio sanitario. Adesso scegli uno dei seguenti titoli e scrivi una breve composizione di circa 60 parole.

1. Come funziona il servizio sanitario nel tuo paese? Quali sono le differenze con quello italiano? Secondo te, qual è il servizio migliore? Perché?

2. Racconta una tua esperienza dal dottore o in ospedale. Che cosa è successo?

_____

_____

_____

_____

_____

_____

_____

_____

_____

_____

_____

_____

In farmacia

Marco è malato! Guarda il video al sito web **www.cengage.com/login** e scopri come si cura.

A. Vocabolario. After watching the video clip, choose the correct word or phrase to complete the following sentences.

1. (Per colpa di / Senza) questo freddo mi è venuta l'influenza.

2. Il mio mal di testa non è nulla di serio: non è (grave / contento).

3. Il farmacista americano (bada / non è interessato) soprattutto al lato *(side)* commerciale, quindi si preoccupa dell'aspetto economico.

4. I medicinali venduti senza ricetta sono i prodotti (da sedia / da banco).

5. Una persona buona ha molti (pregi / difetti).

B. Comprensione. Read the following questions, then watch the video segment again and write a brief reply in Italian.

1. Perché Marco non si sente molto bene?

   _____

2. Dove decide di andare?

   _____

3. Quali sono i suoi sintomi?

   _____

4. Che cosa pensa di avere Marco? E che cosa pensa il farmacista?

   _____

5. Che cosa consiglia il farmacista a Marco?

   _____

6. Che cosa spiegano dei medicinali i farmacisti italiani?

   _____

C. Interpretazione. Watch the video segment once more, paying close attention to Marco. In your opinion, does Marco believe that the pharmacist's diagnosis is correct? Is he confident that the medicine will cure him? Reply in Italian.

   _____

   _____

   _____

D. Cultura. Reply briefly in Italian.

Il ruolo del farmacista italiano non è solo quello di vendere le medicine prescritte dal dottore, ma anche quello di dare consigli ed opinioni sui problemi dei pazienti e di aiutarli nella scelta dei medicinali da banco. È così anche nel tuo paese? Spiega.

_____

_____

_____

E. Attività. Imagine that you are an Italian pharmacist and a customer has come to you with a medical problem. Write a dialogue in Italian in which you discuss the client's symptoms and offer advice. What treatment will you suggest to your customer?

_____

_____

_____

_____

_____

_____

_____

_____

_____

_____

Tesori d'arte dappertutto!

A. Città italiane. Usando il vocabolario della lettura *Vivere in Italia: Roma da scoprire,* inserire le parole necessarie per completare il cruciverba.

1. Abbattere una costruzione, distruggere

2. Cominciare qualcosa

3. Fabbricare, edificare

4. Sisma

5. In questo luogo ci abitano gli abati, e può essere scritto con una o due «b»

6. Itinerario, tragitto

7. Quello che rimane di un antico edificio

8. Accordare qualcosa

9. Entrata

10. Edificio destinato alla venerazione di un dio o degli dei

B. Traslocare o trasferirsi? Cosa succede nella casa di queste persone? Scegliere la parola o l'espressione che completa meglio la frase. Fare riferimento alle parole nella sezione *Vocabolario utile* del Capitolo 14 del testo.

1. Aldo (salva / conserva) in una vetrina molti oggetti raccolti durante i suoi viaggi.

2. Tina ha (spostato / mosso) il quadro dall'anticamera alla sala.

3. Ho una bella foto del mio papà sulla scrivania. A volte, quando la guardo, mi (commuovo / muovo).

4. Finalmente la nonna ha (cambiato casa / spostato) ed è venuta ad abitare vicino a noi!

5. Noi stiamo (salvando / risparmiando) soldi per comprare una casa nuova.

6. Marisa e Carlo hanno (traslocato / trasferito) il mese scorso.

STRUTTURA

Il soggetto subisce l'azione

I. *Forma passiva*

Beth, una turista inglese, ha tante domande sull'Italia. Rispondere alle sue domande, cambiando le frasi dalla forma attiva alla forma passiva secondo il modello.

ESEMPIO   Chi ha scolpito la *Pietà*? (Michelangelo)
La Pietà *è stata scolpita da Michelangelo.*

1. Chi ha inventato la radio? (Marconi)

    _____

2. Chi canta la canzone *Rosso relativo*? (Tiziano Ferro)

    _____

3. Chi scrisse *Il Decameron*? (Boccaccio)

    _____

4. Chi porta i vestiti alla moda? (tutti)

    _____

5. Chi fece costruire il Colosseo? (i Romani)

    _____

6. Chi ha dipinto *La primavera*? (Botticelli)

    _____

7. Chi vede le Alpi? (noi)

    _____

8. Chi pagherà la gondola a Venezia? (io)

    _____

9. Chi ha vinto il *Palio di Siena?* (la Contrada dell'Onda)

_____

10. Chi compra il gelato per me? (nessuno)

_____

> (**Esprimere un'azione in termini generali**)

■ II. *Si passivante*

Andiamo a Roma! Un gruppo di giovani milanesi ha deciso di andare a Roma per il weekend. Ecco il loro programma di viaggio. Riscrivere le seguenti frasi usando il *si* passivante come nell'esempio.

ESEMPIO   È stato prenotato il viaggio.
Si è prenotato il viaggio.

1. Il viaggio da Milano a Roma sarà fatto in treno.

_____

2. È richiesto l'acquisto del biglietto prima di salire sul treno.

_____

3. I posti sono già stati prenotati.

_____

4. In treno sono offerti cibo e bevande.

_____

5. È fornita anche una guida turistica di Roma.

_____

6. È venduto anche un libro delle più importanti opere d'arte.

_____

■ III. *Si impersonale*

A spasso con Aldo! Aldo è uno studente di ingegneria che durante l'estate lavora come guida turistica sull'Appennino Tosco-Emiliano. Accompagna i turisti a vedere le rovine di un antico villaggio situato in cima ad una collina. Cosa si fa di solito? Riscrivere le seguenti frasi usando il *si* impersonale come nell'esempio.

ESEMPIO   La sera andiamo a letto presto.
La sera si va a letto presto.

1. Non ci alziamo tardi.

_____

2. Facciamo una colazione leggera e nutriente.

_____

3. Non beviamo alcolici e non fumiamo.

_____

4. Non ci lamentiamo troppo del caldo.

_____

5. Camminiamo senza fermarci fino a mezzogiorno.

_____

6. Beviamo acqua molto frequentemente.

_____

7. Vediamo cose che non abbiamo mai visto!

_____

> **Mettere in relazione parole o frasi tra di loro**

■ IV. *Preposizioni e congiunzioni*

Una gita turistica! Qual è la risposta giusta? Scegliere la parola o l'espressione che meglio completa la frase.

1. Noi andiamo a Milano (dopo / dopo di) lei.

2. Non ho più visto la Cappella Sistina (dopo di / dopo che) è stata restaurata.

3. Saliamo in treno (prima che / prima di) arrivi tutta la gente!

4. Arriviamo a Como (prima che / prima di) mezzanotte.

5. Siamo restati un altro giorno a Napoli (a causa / perché) dello sciopero dei treni.

6. (Dato che / Da quando) è arrivata Nina, mangiamo sempre la pizza.

7. Non spendiamo tanti soldi (fino a / finché) non apre la banca.

8. Il museo è aperto (fino alle / finché) quattro.

9. Non mi piace viaggiare (senza / senza di) mio marito.

10. Mio marito non viaggia mai (senza / senza di) me.

■ V. *Discorso diretto e indiretto*

Che cosa hai sentito dire...? Alessandro è andato al museo dell'Accademia a Firenze per vedere il *David* di Michelangelo. Lì ha sentito parlare un gruppo di turisti. Che cosa ha sentito? Riscrivere le frasi al discorso indiretto secondo il modello.

ESEMPI   La donna alta dice: «La statua è grandissima!»
La donna alta dice che la statua è grandissima.

L'uomo basso ha detto: «È fatta di marmo!»
L'uomo basso ha detto che era fatta di marmo.

1. Il bambino olandese dice: «Mamma, quell'uomo è nudo!»

   _____

   _____

2. La ragazza americana disse: «Fammi vedere!».

   _____

   _____

3. Il signore spagnolo diceva: «Michelangelo fu un artista meraviglioso».

   _____

   _____

4. La donna italiana ha detto: «Hanno pulito bene la statua».

   _____

   _____

5. Una signorina dice: «Penso che ci siano le cartoline».

   _____

   _____

6. Una ragazza giapponese diceva: «Ci saranno anche delle altre statue da vedere».

   _____

   _____

7. Lo studente egiziano ha detto: «Questo museo non è molto grande.»

   _____

   _____

8. La donna con i capelli rossi diceva: «C'è troppa gente qua; è meglio andare via!».

   _____

   _____

 SCRIVIAMO E COMUNICHIAMO!

(**Per comunicare**)

Al museo del Louvre. Stefano e Giacomo sono andati a Parigi per una gita turistica. Vanno insieme a vedere la famosa *Gioconda* (chiamata anche la *Monna Lisa*) di Leonardo Da Vinci. Stefano studia storia dell'arte e gli piace moltissimo la *Gioconda*. A Giacomo, invece, l'arte non piace molto; preferisce la giurisprudenza. Scrivere un breve dialogo fra Stefano e Giacomo usando le espressioni nella sezione *Per comunicare* alla fine del Capitolo 14 del testo.

STEFANO: Ah, che meraviglia! Finalmente la vedo!

GIACOMO: Ma come? Mi aspettavo qualcosa di diverso, che delusione!

STEFANO: _____

                 _____

GIACOMO: _____

                 _____

STEFANO: _____

                 _____

GIACOMO: _____

                 _____

STEFANO: _____

                 _____

GIACOMO: _____

                 _____

STEFANO: _____

                 _____

GIACOMO: _____

STEFANO: _____

GIACOMO: _____

▪ Ora scrivi tu!

Un monumento davvero particolare! In questo capitolo hai imparato nuove parole ed espressioni per parlare dei monumenti e degli edifici. Adesso scrivi un paragrafo di almeno 60 parole in cui descrivi un monumento italiano o americano (che hai visto di persona, o in televisione, oppure in fotografia) che ti ha particolarmente colpito.

_____

_____

_____

_____

_____

_____

_____

_____

_____

_____

_____

_____

_____

_____

_____

Viaggio In Italia

L'Italia è bella!

Che cosa pensano i turisti americani quando visitano l'Italia? Guarda il video sul sito web **www.cengage.com/login** e scopri l'opinione di un Italiano.

A. Vocabolario. After watching the video clip, match the following vocabulary words to their English translations.

_____ 1. mi sono reso conto   a. *I pause*

_____ 2. che cavolo!   b. *thing*

_____ 3. mi soffermo   c. *crazy*

_____ 4. mura   d. *they impress me*

_____ 5. mi colpiscono   e. *I realized*

_____ 6. roba   f. *walls*

_____ 7. pazzesca   g. *wow!*

B. Comprensione. Read the following questions, then watch the video segment again and write a brief reply in Italian.

1. Di che cosa si è reso conto l'uomo intervistato?

_____

2. Quali esempi usa l'intervistato per descrivere le bellezze dell'Italia?

_____

3. Secondo lui, che cosa manca all'America? _____

4. Che cosa vede a Roma?

_____

5. Qual è la sua reazione?

_____

6. Secondo lui, che cosa pensano gli americani quando vedono le rovine di Roma?

_____

C. Interpretazione. In the video the man discusses the reactions of both Italians and Americans to the architecture of Italy. Watch the segment again, and then describe the two structures that he mentions. What is his reaction to each structure? How does this differ from what he imagines an American would feel? Why? Reply in Italian.

_____

_____

_____

_____

_____

D. Cultura. Reply briefly in Italian.

Come spiega l'uomo intervistato, l'Italia ha una storia millenaria che si manifesta nelle strutture architettoniche di tutto il paese. Secondo lui, i 500 anni di storia americana sono un periodo molto breve! Quanti anni deve avere per te un palazzo per essere considerato antico? Ci sono molti monumenti antichi nella tua città o nella tua regione?

_____

_____

_____

E. Attività. Imagine that you are a tourist traveling in Italy. Choose a monument or work of art that you would like to see and describe it in Italian. What is your reaction?

_____

_____

_____

_____

_____

_____

1

L'estate? È italiana.

PAROLE ED ESPRESSIONI NUOVE

CD 1
Track 2

A. Marco ha una vera passione per la sua Vespa! Infatti... Listen to each statement about Marco and his Vespa and supply the missing word(s). Each statement will be read twice.

1. Ogni giorno Marco pulisce il suo _____ e il suo _____.

2. _____ in Vespa è il suo passatempo preferito.

3. A volte prende la sua Vespa e va fino al lago a _____.

4. Gli piace molto _____ nelle giornate di sole, stare _____ e chiacchierare con gli amici.

CD 1
Track 3

B. Perché non risponde nessuno? Giovanna is on vacation at the beach in Liguria. She makes several calls to her friends and family, but no one answers! Read the following statements, then listen to her voicemail messages, and match each with the appropriate description.

a. Messaggio numero _____. Telefona ad una parente e dice che va a vedere una mostra d'arte.

b. Messaggio numero _____. Telefona ad un amico e spiega i programmi per domani.

c. Messaggio numero _____. Telefona ad una parente e la invita per il weekend.

CD 1
Track 4

C. Che cosa succede? Listen to each of Giovanna's four voicemail messages again and answer the related questions.

ESEMPIO   You hear: Ciao Marco! Ecco i programmi di stasera: Ci troviamo in pizzeria alle otto con alcuni amici...

You see: Dove si trovano gli amici stasera?

You write: *Si trovano in pizzeria.*

Messaggio 1

1. Cosa c'è vicino all'albergo di Giovanna?

   C'è un _____.

2. Cosa possono fare Paola ed Enrico nel weekend?

   Possono fare _____.

Messaggio 2

1. Dov'è Giovanna stamattina?

   È in _____.

2. Dove va nel pomeriggio?

   Va a vedere _____.

Messaggio 3

1. Con chi chiacchiera troppo Matteo?

   Chiacchiera troppo con _____.

2. Cosa vogliono fare domani Giovanna e Luca?

   Vogliono affittare _____.

STRUTTURA

Esprimere l'azione nel presente

I. *Indicativo presente*

Cosa fanno queste persone? Marina is describing the activities of her large and busy family. Listen to each of her statements, change them from singular to plural or the reverse, then repeat the correct response after the speaker.

CD 1 Track 5

ESEMPI You hear: Io bevo una spremuta.

You say: *Noi beviamo una spremuta.*

You hear: Noi beviamo una spremuta.

You say: *Noi beviamo una spremuta.*

You hear: Voi parlate al telefono.

You say: *Tu parli al telefono.*

You hear: Tu parli al telefono.

You say: *Tu parli al telefono.*

1. .... 2. .... 3. .... 4. .... 5. ....

6. .... 7. .... 8. ....

Parlare di persone senza nominarle

II. *Pronomi personali soggetto*

Di chi parliamo? Listen carefully to each sentence, then write down the subject pronoun that corresponds to the verb form that you hear. Each sentence will be repeated twice.

CD 1 Track 6

ESEMPIO You hear: È una bella ragazza.

You write: *Lei*

1. _____   4. _____

2. _____   5. _____

3. _____   6. _____

> ### Identificare oggetti e persone

■ III. *Nomi*

A. Maschile o femminile? You will hear a list of nouns. After each is read, change the gender of the word from masculine to feminine or the reverse. Each word will be read twice.

**CD 1
Track 7**

ESEMPI   You hear: cugino// cugino//

                    You write: *cugina*

                    You hear: sorelle// sorelle//

                    You write: *fratelli*

1. _____   4. _____

2. _____   5. _____

3. _____   6. _____

B. Singolare o plurale? You will hear a list of nouns. After each is read, indicate whether the word is singular or plural.

**CD 1
Track 8**

ESEMPIO   You hear: libro

                 You check: Singolare   Plurale

                              ✓

	Singolare	Plurale		Singolare	Plurale
1.	_____	_____	4.	_____	_____
2.	_____	_____	5.	_____	_____
3.	_____	_____	6.	_____	_____

PER COMUNICARE

A. Che cosa si risponde? Listen to the following exchanges between two people. Indicate in each case whether the second speaker's response is logical or illogical. Each exchange will be repeated twice.

**CD 1
Track 9**

ESEMPIO   You hear: — Ti va di mangiare una pizza?

                           — Le spiace se lascio un messaggio?

                 You check: Logica   Non logica

                                       ✓

	Logica	Non logica
1.	_____	_____
2.	_____	_____
3.	_____	_____
4.	_____	_____
5.	_____	_____

B. Ti va di uscire con me? Diego calls Elena and her sister Laura answers the phone. Listen to their conversation, which will be read the first time at normal speed, a second time more slowly so that you can write in Laura's responses, and a third time so that you can check your work.

DIEGO: Pronto? Ciao Laura, sono Diego. Posso parlare con Elena, per favore?

LAURA: _____

DIEGO: Oh, no! Laura, sai se Elena viene in discoteca stasera?

LAURA: _____

DIEGO: E tu, Laura, cosa fai stasera? Vuoi venire in discoteca con me?

LAURA: _____

DIEGO: Passo a prenderti alle dieci. Va bene?

LAURA: _____

C. Cosa succede? What do you think Elena will do when she hears about this phone conversation? Write a brief response in Italian.

_____

_____

🌐 **CANTIAMO!** | Lùnapop – *50 Special*

I Lùnapop sono un gruppo musicale che ha avuto un grande successo tra il 1999 e il 2001. «50 Special» è stata composta da Cesare Cremonini, il cantante principale del gruppo. Questa canzone racconta del desiderio del giovane di distrarsi dai problemi della vita. L'unica consolazione è girare con la sua 50 Special, un modello di Vespa, il più famoso motorino italiano. Questa canzone è associata con l'estate del 1999, l'anno in cui è diventata famosa. Per ascoltarla, vai al sito web **www.cengage.com/login.**

A. Prima dell'ascolto. Before listening to the song, respond to the following briefly in Italian.

1. Ti piace andare in motorino o in bicicletta? Perché?

_____

2. Quale mezzo di trasporto preferisci quando sei in vacanza? Perché?

_____

3. In estate, preferisci stare a casa o andare in viaggio? Perché?

_____

B. Vocabolario. After listening to the song, match the following vocabulary words to their definitions.

_____ 1. truccate	a.	le colline della città di Bologna
_____ 2. fuoco	b.	rimuovere, eliminare
_____ 3. frecce	c.	quando le parti di un motore sono modificate
_____ 4. targa	d.	uno dei quattro elementi con aria, acqua e terra
_____ 5. ali	e.	le usiamo per cambiare la velocità di una macchina o di un motorino
_____ 6. colli bolognesi	f.	antiche armi *(weapons)* associate con la velocità
_____ 7. togliere	g.	placca di metallo con lettere e numeri per identificare un veicolo
_____ 8. marce	h.	le hanno gli uccelli e gli aerei per volare

C. Comprensione. After listening to the song, reply to the following questions in Italian.

1. In che stagione siamo?

   _____

2. Secondo il cantante, perché è bello girare con la Vespa?

   _____

3. Dove gli piace andare in Vespa?

   _____

4. Che giorno è?

   _____

5. Dove va in fretta il cantante?

   _____

D. Interpretazione. Listen to the song again and then reply to the following questions in Italian.

1. All'inizio della canzone, quali parole descrivono le caratteristiche delle Vespe che girano in centro?

   _____

2. Quali sono i problemi del cantante?

   _____

3. Secondo te, che cosa rappresenta la Vespa per il cantante?

   _____

   _____

E. Cultura. Reply briefly in Italian.

In Italia l'uso del motorino è molto diffuso, soprattutto nelle grandi città. È così anche nel tuo paese? Perché?

_____

_____

F. E tu? Reply briefly in Italian.

1. C'è una canzone che tu associ con una vacanza particolare? Spiega.

_____

_____

_____

2. Ti è piaciuta questa canzone? Perché?

_____

_____

_____

Ti ricordi? Adesso e prima.

PAROLE ED ESPRESSIONI NUOVE

**CD 1
Track 11**

A. Margherita e il tempo libero. Margherita has a busy life as a university student, but she still finds time to relax. She calls her older sister and they talk about what she likes to do in the evening. Listen to each of Margherita's statements and supply the missing word(s). You will hear each statement twice.

1. Ogni sera, il mio _____ mi manda un messaggino sul _____.

2. Lui è un tipo _____ e non ama fare sport.

3. Il nostro _____ preferito con gli amici è il bar dell'angolo.

4. Il barista è sempre molto _____ e _____.

**CD 1
Track 12**

B. All'asilo (*kindergarten*). Margherita is visiting her sister, who has introduced her to a friend, Michele. Michele is telling Margherita about his childhood. Read the following statements, then listen to his description. Mark each statement as **vero, falso,** or **non si sa**.

Vero	Falso	Non si sa	
_____	_____	_____	1. Michele abitava a Milano.
_____	_____	_____	2. Oggi è una persona molto tranquilla.
_____	_____	_____	3. All'asilo era un bravo bambino.
_____	_____	_____	4. All'asilo non mangiava e non dormiva.
_____	_____	_____	5. La sua maestra era contenta di lui.
_____	_____	_____	6. I genitori erano anziani.
_____	_____	_____	7. Faceva disperare molte persone.
_____	_____	_____	8. Michele è una persona molto modesta.

C. Qual è la risposta giusta? Now, listen a second time to Michele's description and check your answers. If a statement is false, correct it to make it true.

**CD 1
Track 13**

1. _____

2. _____

3. _____

4. _____

5. _____

6. _____

7. _____

8. _____

D. E tu, com'eri all'asilo? Were you like Michele when you were in kindergarten? Or were you quite different? Describe yourself at this age in two or three sentences in Italian.

_____

_____

_____

STRUTTURA

(**Parlare di eventi passati**)

■ I. *Imperfetto*

**CD 1
Track 14**

Le solite cose... Margherita and Michele are having a **gelato**, and she is telling him that she is tired of her daily routine. Listen to her statements about what she did today, and write what you hear. Then, rewrite the sentences using the **imperfetto** to describe how she used to do the same thing last year. You will hear the first sentence twice.

ESEMPIO   You hear: Io leggo la posta.

You write: a. *Io leggo la posta.*

b. *Io leggevo la posta.*

You hear: Io leggevo la posta.

1. a. _____

   b. _____

2. a. _____

   b. _____

3. a. _____

   b. _____

4. a. _____

   b. _____

5. a. _____

   b. _____

6. a. _____

   b. _____

7. a. _____

   b. _____

8. a. _____

    b. _____

9. a. _____

    b. _____

Identificare oggetti e persone

■ II. *Aggettivi*

Come sono? Michele mentions several people and items in the course of his conversation with Margherita. Listen to the nouns he uses, and then indicate which adjectives could correctly describe them. More than one adjective may be correct.

**CD 1
Track 15**

ESEMPIO   You hear: Due ragazze.

              You see: intelligente   alta   belle

          You circle: *belle*

1. bianche   siamesi   affettuosi

2. egoista   antipatico   fedeli

3. vecchia   dolce   fresche

4. brutta   contente   noiosa

5. dolce   ristretti   amari

6. divertente   giallo   interessante

7. San   Santo   Sant'

8. grande   gran   felice

■ III. *Articolo indeterminativo*

A. Innamorata! Margherita is telling Michele about a past relationship. Listen to her story and fill in the missing words.

**CD 1
Track 16**

Al liceo conoscevo _____ ragazzo bellissimo. E poi era così buono! Era

proprio _____ _____ ragazzo. Era anche _____

bel ragazzo e, anche se non era _____ studente molto brillante, per me

era _____ ragazzo eccezionale. Mi ero innamorata di lui. Non mi ero mai

innamorata di _____ fino a quel momento. _____ ragazzo era

come lui. E _____ altra ragazza poteva amarlo come lo amavo io. Pensavo tutto

il giorno a lui. Ogni giorno gli mandavo _____ lettera d'amore anonima, che

sigillavo con _____ adesivo a forma di cuore. _____ cosa mi

---

interessava più. Volevo solo lui. Però ero _____ ragazza timida e avevo paura a parlargli. _____ mia amica mi diceva che ero matta, e _____ altra amica mi incoraggiava ad andare a presentarmi. Così _____ giorno, mentre arrivava a scuola. . .

B. Che cos'è successo? What did Margherita say? Imagine her first conversation with the boy she secretly admired. Write her first sentence, followed by the boy's reply.

_____

_____

_____

Contare

IV. *Numeri cardinali*

Quanto fa? Michele is doing his math homework while Margherita is speaking. Help him by listening to the following equations and then supplying their solutions. Each will be read twice.

**CD 1
Track 17**

ESEMPIO   You hear: 4 + 20
               You write: Fa *ventiquattro*

1. Fa _____.
2. Fa _____.
3. Fa _____.
4. Fa _____.
5. Fa _____.
6. Fa _____.
7. Fa _____.
8. Fa _____.

Parlare del tempo

V. *Il tempo*

**CD 1
Track 18**

Che tempo faceva? Margherita is talking about the weather and what she did last year during her vacations with her friend Giorgio. Listen to her statements and then mark which of the weather expressions apply. More than one may be correct.

ESEMPIO   You hear: Quell'estate il cielo era sempre coperto e pioveva spesso,
                      però dovevo usare l'aria condizionata giorno e notte.
          You check: *Faceva caldo* and *Pioveva*

	C'era il sole	Faceva caldo	Nevicava	Pioveva	Faceva freddo
1					
2					
3					
4					

PER COMUNICARE

**CD 1
Track 19**

Un pò di gelosia... Michele is realizing that Margherita's relationship with Giorgio was more than a friendship. Is he a little jealous? Listen to the dialogue and supply the missing words.

MICHELE: Senti, _____, ma Giorgio era il tuo ragazzo? Eri

             veramente molto innamorata di lui. _____?

MARGHERITA: _____, sì.

MICHELE: Era bello? Ti piaceva molto?

MARGHERITA: Eh sì.

MICHELE: _____?

MARGHERITA: L'anno scorso uscivamo insieme ogni sabato sera. Ma dopo pochi mesi

             _____ che lui era innamorato della mia migliore amica!

MICHELE: _____! È impossibile, _____!

MARGHERITA: Purtroppo è vero. Ero molto triste. Però dopo ha cambiato idea, e adesso siamo

             molto felici insieme.

MICHELE: _____ sei ancora con lui? È il tuo ragazzo?

MARGHERITA: Sì...

CANTIAMO! | Ladri di Biciclette –
Sotto questo sole

I Ladri di Biciclette sono un gruppo musicale italiano che ha debuttato nel 1989 al famoso Festival della canzone italiana di Sanremo. L'estate dell'anno seguente hanno avuto un grandissimo successo con «Sotto questo sole», una canzone che ci fa rivivere la fatica, che conosciamo tutti, di andare in bicicletta sotto il sole rovente *(blazing)* dell'estate. Dai primi versi capiamo che il cantante vuole fuggire *(flee)* da qualcosa o da qualcuno. Quindi ruba una bicicletta e scappa. Per ascoltare questa canzone, vai al sito web **www.cengage.com/login.**

A. Prima dell'ascolto. Before listening to the song, respond to the following briefly in Italian.

1. Sei mai stato/a in una situazione problematica in cui volevi farla finita *(put an end to it)* e scappare? Se no, puoi immaginare una situazione simile? Spiega.

   _____

   _____

2. Ti hanno mai rubato *(stolen)* la bicicletta, o conosci qualcuno a cui hanno rubato la bicicletta? Secondo te, perché le biciclette vengono spesso rubate?

   _____

   _____

3. Come ti senti quando vai in bicicletta o quando fai un'attività sotto il caldo sole d'estate?

   _____

B. Vocabolario. After listening to the song, fill in the missing words using the list below.

sparire

Carrà e Minà

Dai!

sudare

fiatone

prima fila

1. Due personaggi italiani famosi sono _____.

2. Quando è difficile respirare dopo un intenso esercizio fisico, abbiamo il

   _____.

3. _____ è un'espressione idiomatica di incoraggiamento.

4. Quando fa caldo o quando una persona è molto nervosa, è facile

_____. Per fortuna esiste il deodorante!

5. Che bello! Abbiamo trovato i biglietti in _____ per il concerto.

Possiamo vedere bene i Ladri di Biciclette!

6. Il mago (magician) ha fatto apparire e _____ una bellissima

ragazza.

C. Comprensione. After listening to the song, reply to the following questions in Italian.

1. Quando pensa di fuggire in bicicletta il cantante?

_____

2. Quale espressione usa il cantante per dire che ha veramente intenzione di partire?

_____

3. È bello pedalare sotto il sole, ma quali sono le conseguenze?

_____

4. Ha portato qualcosa da bere il cantante?

_____

5. Dov'è la ragazza che ha guardato il cantante?

_____

D. Interpretazione. Listen to the song again and then reply to the following questions in Italian.

1. Secondo te, perché il cantante vuole fuggire?

_____

2. In che modo vuole partire? Trova almeno due espressioni che descrivono come vuole fuggire.

_____

3. In italiano, l'espressione «ci sta» significa che una persona acconsente o è disponibile a fare qualcosa. Spiega in che senso questa espressione è usata nella canzone.

_____

_____

E. Cultura. Reply briefly in Italian.

Che brutto quando ti rubano la bicicletta! Questo è un fenomeno tipico di molti paesi, non solo dell'Italia, ed è consigliabile usare sempre un lucchetto (lock). Questo problema è diffuso anche nel tuo paese? Che cosa consigli per evitarlo?

_____

_____

_____

F. **E tu?** Reply briefly in Italian.

1. Quando hai voglia di sparire, che cosa fai? Dove vai? Come ci vai?

   _____

   _____

2. Quali sono le emozioni che provi quando ascolti questa canzone?

   _____

   _____

Che prezzi!

CD 1
Track 20

PAROLE ED ESPRESSIONI NUOVE

A. Congratulazioni! Laura is talking to her mother about a wedding gift for her neighbor, who is getting married soon. Read the following sentences carefully. For each sentence, you will hear two words or expressions. Choose the correct word or expression to complete the sentence and write it in the blank. Each will be read twice.

> **ESEMPIO**   You see: Ho comprato un vestito _____.
>
>   You hear: firmato, acquisto
>
>   You write: *firmato*

1. Questo weekend vado ai _____ per comprarle un regalo.

2. In questo periodo ci sono i _____.

3. Quindi spero di trovare qualcosa in _____.

CD 1
Track 21

B. Cos'hai comprato? After buying the gift, Laura has run into her friend Susanna, who had been shopping downtown. Listen to their conversation and answer the questions below.

1. Laura
   a. Dove ha comprato?
      1. sulla bancarella   2. ai grandi magazzini
   b. Come ha pagato?
      1. in contanti   2. con la carta di credito
   c. Cosa ha comprato?
      1. articoli di abbigliamento   2. cibo   3. 1 e 2 sono vere

2. Susanna
   a. Dove ha comprato?
      1. sulla bancarella   2. ai grandi magazzini
   b. Come ha pagato?
      1. in contanti   2. con la carta di credito
   c. Cosa ha comprato?
      1. articoli di abbigliamento   2. cibo   3. 1 e 2 sono vere

C. Che ne pensi? Briefly answer the following in Italian.

Do you prefer to shop in department stores with a credit card, as Laura does? Why or why not?

_____

Do you usually wait for sales before shopping? Why or why not?

_____

STRUTTURA

> **Parlare di eventi del passato**

■ I. *Passato prossimo*

CD 1
Track 22

Quanti regali! Enrico loves to shop and to talk! He is telling a co-worker all about last Saturday's Christmas shopping. Read the sentences below, then listen carefully to his story. Number the sentences below so that they follow the order of the story. Watch out: there are three sentences that have nothing to do with the story; do not number them!

a. _____ Ha comprato un regalo per la bambina.

b. _____ È andato in centro.

c. _____ È tornato a casa in tassì.

d. _____ Ha comprato un servizio da tè per Elena.

e. _____ Ha incontrato alcuni amici.

f. _____ Ha preso la macchina.

g. _____ Ha comprato dei libri.

h. _____ Ha giocato con Elisa.

> **Identificare persone e cose**

■ II. *Articolo determinativo*

CD 1
Track 23

A. Vorrei dei vestiti nuovi! Giorgio wants to impress a new friend and decides it is time to update his wardrobe! Listen to the nouns that he includes in discussions with friends, then repeat each noun, adding the correct indefinite article. You will then hear the correct answer.

ESEMPIO You hear: negozio
You say: *il negozio*
You hear: il negozio

1. ....   4. ....   7. ....

2. ....   5. ....

3. ....   6. ....

B. Ho comprato questi jeans… Listen to Giorgio's description of his shopping trip. Identify the prepositions he uses in each sentence, then write them in the blanks. Some are simple prepositions, others are combined with articles. Be sure to spell the latter correctly! You will hear each sentence twice.

ESEMPIO   You hear: Sono entrato nel negozio all'angolo.
You write: *nel, all'*

1. _____ _____
2. _____ _____
3. _____ _____
4. _____
5. _____ _____
6. _____
7. _____
8. _____

■ III. *Bello e quello*

Che bel centro commerciale! Mary, an American who has just arrived in Italy, is thrilled with all that she sees in the shops downtown. Listen to her exclamations, then rewrite them, adding **quello** and changing the position of the adjective **bello**, as in the example below. Each will be read twice.

ESEMPI   You hear: Vedi il commesso? Che bell'uomo!
You write: *Quell'uomo è bello!*

You hear: Che bei negozi!
You write: *Quei negozi sono belli!*

1. _____
2. _____
3. _____
4. _____
5. _____
6. _____
7. _____
8. _____

Fare domande

IV. *Interrogativi*

Una moglie sospettosa. Sara is constantly asking her husband questions. Listen to each of her questions, and then identify her husband's response from among the choices below. Write the number of her question in the blank next to his reply. You will hear each question twice.

CD 1
Track 26

a. _____ Perché c'era molto traffico.

b. _____ Una sorpresa per te!

c. _____ La mia segretaria.

d. _____ Sì, sono le otto e un quarto.

e. _____ In un negozio in centro.

f. _____ Intorno alle cinque e mezza.

g. _____ Non c'è male, grazie.

h. _____ Perché ti amo!

i. _____ Anche subito!

j. _____ Ero in riunione.

Espressioni di tempo e dire l'ora

V. *L'ora*

Un ragazzo troppo impegnato. Lorenzo is telling his mother about what he did yesterday, and how that compares to his usual Monday schedule. Write down the time when he did each thing.

CD 1
Track 27

ESEMPIO   You hear: Faccio colazione alle 8.00.
            Ieri, ho fatto colazione alle 8.15.

         You see: Ieri, ho fatto colazione alle _____.

         You write: *8.15*

1. Ieri, mi sono alzato alle _____.

2. Ieri, sono passato a prendere un'amica in macchina alle _____.

3. Ieri, sono arrivato a lezione alle _____.

4. Ieri, ho incontrato gli amici alle _____.

5. Ieri, sono arrivato a lezione alle _____.

6. Ieri, sono andato in palestra alle _____.

7. Ieri sera, sono arrivato a casa alle _____.

8. Ieri sera, ho studiato fino alle _____.

9. Ieri sera, sono andato a dormire alle _____.

■ **VI.** *Giorni, stagioni, mesi, anni*

CD 1
Track 28

Quando? Maria wants to tell about interesting things she has done, but she has a bad memory. Help her to remember the day, month, year, or season in which she did the following things, using the clues embedded in her sentences. You will hear each sentence twice.

ESEMPIO   You hear: Oggi è domenica. Tre giorni fa abbiamo mangiato delle ottime lasagne.

You hear and see: Che giorno era?

You write: *Era giovedì.*

1. Che anno era?

_____

2. Ma che mese era?

_____

3. Che stagione era?

_____

4. Ma che giorno fanno il mercato nel mio quartiere?

_____

5. Che mese è?

_____

PER COMUNICARE

CD 1
Track 29

E adesso, cosa le regalo? Marco needs to get his girlfriend a gift for her birthday, but he has few ideas and little money! He decides to try a clothing store. Listen to his conversation with an irritable clerk and supply the missing words.

COMMESSO: Buongiorno, _____?

MARCO: Buongiorno. Per piacere, _____ quella camicetta azzurra in vetrina?

COMMESSO: Certamente. Eccola.

MARCO: Bella, _____. La prendo. _____?

COMMESSO: Questa costa 85 euro. Le faccio un pacchetto?

MARCO: Quanto? 85 euro? Oh no, è _____. _____ qualcosa di simile ma meno costoso?

COMMESSO: Mi spiace, ma questo negozio vende solo abbigliamento di marca. È tutto costoso. Forse non è il negozio giusto per lei.

MARCO: _____?

COMMESSO: Mi spiace, ma non siamo in periodo di saldi. _____ in qualche altro modo?

MARCO: Non so, _____.

COMMESSO: Come vede c'è altra gente, non ho troppo tempo da perdere.

MARCO: _____! Lei è un commesso molto maleducato! Me ne vado in un altro negozio. Lei ha appena perso molti soldi. Io, infatti, sono molto ricco!

🌐 CANTIAMO! | Jovanotti – *(Tanto)³*

Jovanotti, il cui nome vero è Lorenzo Cherubini, è un celebre cantautore italiano conosciuto soprattutto per la sua musica rap. «(Tanto)³» è uscita nel 2005 e fa parte dell'album *Buon Sangue*. Con questa canzone, Jovanotti ha vinto il premio per la miglior performance al Festivalbar e anche il premio come miglior video italiano del 2005. La canzone è una serie di domande e risposte che Jovanotti fa a se stesso. Questo dialogo è rappresentato nel video da un piccolo Jovanotti che, nel deserto, è interrogato da un Jovanotti gigante. Per ascoltare questa canzone, vai al sito web **www.cengage.com/login.**

A. Prima dell'ascolto. Before listening to the song, respond to the following briefly in Italian.

1. Parli mai a te stesso/a *(self)*? Perché?

   _____

   _____

2. Secondo te, in quali situazioni le persone parlano a se stesse?

   _____

3. Che cosa chiedi a te stesso/a quando ti parli o quando pensi? E qual è la risposta?

   _____

   _____

B. Vocabolario. After listening to the song, match the following vocabulary words to their definitions.

_____ 1. l'oro   a. un obbligo, un compito

_____ 2. lo scopo   b. quello che fa in cielo quando c'è il temporale

_____ 3. l'aspetto   c. un obiettivo

_____ 4. l'impegno   d. l'apparenza di una persona

_____ 5. in forma   e. nella maniera particolare di una persona

_____ 6. a suo modo   f. un metallo di colore giallo

_____ 7. tuona   g. in buone condizioni fisiche o psicologiche

C. Comprensione. After listening to the song, reply to the following questions in Italian.

1. Scrivi cinque parole interrogative che senti nella canzone.

   _____

2. Scrivi due cose che fa il cantante.

   _____

3. Dov'è? E di dov'è?

_____

4. Che aspetto ha?

_____

5. Di chi ride?

_____

D. Interpretazione. Listen to the song again and then reply to the following questions in Italian.

1. Secondo te, perché questa canzone si intitola «(Tanto)³»?

_____

_____

2. Com'è la situazione amorosa del cantante?

_____

_____

3. Descrivi lo stato psicologico del cantante usando espressioni che hai sentito nella canzone.

_____

_____

4. Il cantante usa il proverbio «Tra il dire e il fare c'è di mezzo il mare». Secondo te, che cosa significa questo proverbio?

_____

_____

E. Cultura. Reply briefly in Italian.

Il rap è uno stile musicale nato negli Stati Uniti negli anni Settanta. In Italia ha avuto successo una decina di anni dopo, e spesso è chiamato hip hop. Jovanotti è stato uno dei primi artisti italiani di questo genere. Ti piace questo stile musicale? Noti differenze tra il rap di Jovanotti e quello americano?

_____

_____

_____

F. E tu? Reply briefly in Italian.

1. Scegli tre domande dalla canzone e rispondi per te stesso/a.

   a. _____
   b. _____
   c. _____

2. E tu, che cosa vuoi chiedere a Jovanotti?

_____

4

Capitolo

In quale zona vivi?

PAROLE ED ESPRESSIONI NUOVE

CD 1
Track 30

A. Cerco casa. Alberto is looking for an apartment. Listen to the words he uses when speaking with a realtor, and write them down. You will hear each word or expression twice.

1. _____

2. _____

3. _____

4. _____

5. _____

6. _____

CD 1
Track 31

B. E tu, dove abiti? Four of Alberto's friends are telling him about their housing arrangements. Listen carefully to each statement, then select the word that describes its content most closely.

ESEMPIO   You hear: Nella mia nuova casa ho anche una camera dove posso lavorare indisturbato.

You see: a. la panchina

b. lo studio

c. il quartiere

You circle: b. *lo studio*

1. a. il comune

   b. il monolocale

   c. il palazzo

2. a. accendere un mutuo

   b. prendere a nolo

   c. fare due chiacchiere

3. a. villa

   b. superattico

   c. castello

137

STRUTTURA

Narrare al passato

■ I. *Passato prossimo e imperfetto*

**CD 1
Track 32**

Che belle vacanze! Enrico is telling his friends about how, as a child, he used to go to the beach each summer. Listen to each of his statements and choose the phrase that will complete the sentence correctly. You will then hear the correct answer.

ESEMPIO   You hear: Andavamo al mare…

              You see: a. ogni anno

                        b. l'estate scorsa

        You circle: a. *ogni anno*

              You hear: Andavamo al mare ogni anno.

1. a. appena finiva la scuola

   b. appena è finita la scuola

2. a. ogni anno

   b. l'estate scorsa

3. a. cominciava male

   b. è cominciata male

4. a. la macchina si è rotta

   b. la macchina si rompeva

5. a. la riparava in tre giorni

   b. l'ha riparata in tre giorni

6. a. di solito

   b. tre volte

7. a. ha dato l'appartamento a qualcun altro

   b. dava l'appartamento a qualcun altro

8. a. siamo andati in campeggio

   b. andavamo in campeggio

9. a. una volta

   b. spesso

10. a. ero triste

    b. sono stato triste

11. a. siamo andati a vedere le balene

    b. eravamo andati a vedere le balene

12. a. ero felice

    b. sono stato felice

Parlare di cose o persone senza nominarle

■ II. *Pronomi personali (oggetto diretto)*

**CD 1
Track 33**

Quante domande al primo incontro! Francesca has recently met Riccardo and wants to know all about him. Listen to her questions, then complete Riccardo's replies by writing the correct direct-object pronoun in the blank. You will hear each question twice.

> **ESEMPIO** You hear: Mangi la pizza?
> You see: Sì, _____ mangio.
> You write: *la*

1. Sì, _____ guardo.

2. Sì, _____ vedo spesso.

3. No, non _____ incontriamo ogni giorno.

4. Sì, _____ ascolto.

5. Sì, mi piace far _____.

6. No, non _____ so.

7. Oh, ecco _____!

8. Sì, _____ chiamo giovedì.

9. Sì, ma non _____ vedo mai.

■ III. *L'accordo del participio passato*

**CD 1
Track 34**

L'interrogatorio! Riccardo is telling his brother about his date with Francesca. His brother is distracted, so Riccardo often has to repeat what he has said. Listen to each of his statements, then use a direct-object pronoun to make a second sentence, using the correct ending for the past participle.

> **ESEMPIO** You hear: Hai mangiato la pizza?
> You see: _____ hai mangiat _____?
> You write: *L'* hai mangia*ta*?

1. Ieri, _____ ho vist _____.

2. _____ ho invitat _____ al bar.

3. Lei _____ ha pres _____.

4. Io _____ ho mangiat _____.

5. Lei _____ ha vist _____.

6. _____ hai mai conosciut _____?

7. Me _____ ha fatt _____!

Negare e contraddire

■ IV. *Negativi*

Ma che bastian contrario! No matter what people say, Sebastiano has to say the opposite. Complete his sentences with the correct negative forms. You will hear each sentence twice.

CD 1
Track 35

ESEMPIO   You hear: Vedo tutti.

             You see: Non vedo _____.

            You write: *nessuno*

1. Non è vero. Non sono _____ in montagna.

2. Non è vero. Non c'è _____ da mangiare.

3. Non è vero. Non mi telefoni _____.

4. Non è vero. Non abbiamo _____ mangiato.

5. Non è vero. Non abbiamo visto _____.

6. Non è vero. Non parla bene _____ l'italiano _____ il francese.

Indicare proprietà

■ V. *Aggettivi e pronomi possessivi*

A. Un bimbo curioso! Martino is a curious child. Listen to his questions and his mother's answers. Then amplify her answers, using the correct possessive adjectives.

CD 1
Track 36

ESEMPIO   You hear: Di chi è quella bicicletta?

                       È la bicicletta di Lucia.

             You see: È _____ bicicletta.

            You write: *la sua*

1. È _____ bambola.

2. È _____ fratello.

3. Sono _____ giocattoli.

4. È _____ pallone.

5. Sono _____ occhiali.

6. È _____ zia.

7. Sei _____ bambino!

B. Che confusione dopo la festa! The party at Cristina's house is over, but everyone seems to have forgotten something! Cristina's husband Marco thinks the items all belong to their own children, but she corrects him. Listen to his questions, then complete her answers with the correct possessive pronoun and definite article. You will hear each question twice.

ESEMPIO   You hear: Di chi è questo cappello?

You see: È di Luca. È _____!

You write: *il suo*

1. È di Luca. È _____!

2. Sono di Davide. Sono _____!

3. Sono di Matteo. Sono _____!

4. È di Pina. È _____!

5. È mia. È _____!

6. Sono tue e di tuo fratello. Sono _____!

7. Uno è mio e uno è di Maria. Sono _____!

8. Ma è tua! È _____!

PER COMUNICARE

A. Che cosa si risponde? Listen to the following exchanges between two people. Indicate in each case whether the second speaker's response is logical or illogical. Each exchange will be repeated twice.

ESEMPIO   You hear: — Ho trovato un nuovo posto di lavoro.

— Felice anniversario!

You check: *Non logica*

Logica	**Non logica**
1. _____	_____
2. _____	_____
3. _____	_____
4. _____	_____
5. _____	_____

B. Che cosa diresti tu? Listen again to the statements. Now, write the reply you would have given instead of each illogical response.

1. _____

2. _____

3. _____

4. _____

5. _____

CANTIAMO! | Adriano Celentano –
Il ragazzo della via Gluck

Adriano Celentano è un cantante diventato famoso negli anni Sessanta. È ancora molto popolare in Italia, non solo per la sua musica, ma anche come attore e conduttore televisivo. Celentano è nato e cresciuto a Milano, in via Gluck, in una zona che a quel tempo era periferia, ma che nel corso degli anni si è urbanizzata. La canzone «Il ragazzo della via Gluck», del 1966, affronta il tema ancora oggi molto discusso dell'ambientalismo e il problema dello sviluppo urbano sfrenato *(unrestrained development)*. Questa canzone ha avuto un grande successo in Italia, ed è stata anche tradotta in numerose lingue. Per ascoltare «Il ragazzo della via Gluck», vai al sito web **www.cengage.com/login.**

A. Prima dell'ascolto. Before listening to the song, respond to the following briefly in Italian.

1. Dove sei nato/a? Dove sei cresciuto/a?

   _____

2. Hai sempre vissuto nella stessa casa dove sei nato/a? Se no, sei mai tornato/a a vedere quella casa? Spiega.

   _____

   _____

3. Come è cambiata la zona in cui sei nato/a o cresciuto/a? Cosa pensi di questi cambiamenti?

   _____

   _____

B. Vocabolario. After listening to the song, match the following vocabulary words to their definitions.

_____ 1. erba	a. *yard, courtyard*
_____ 2. ormai	b. *meadows*
_____ 3. disse	c. *now*
_____ 4. cortile	d. *tar*
_____ 5. prati	e. *said*
_____ 6. fischia	f. *grass*
_____ 7. si scorda	g. *whistles*
_____ 8. catrame	h. *forgets*

C. Comprensione. After listening to the song, reply to the following questions in Italian.

1. Come si sente il ragazzo che deve partire? Quali parole della canzone comunicano i suoi sentimenti?

_____

_____

2. Che cosa dice il cantante al suo amico?

_____

3. Dopo quanto tempo torna in via Gluck l'amico?

_____

4. Com'è cambiata la zona della via Gluck?

_____

D. Interpretazione. Listen to the song again and then reply to the following questions in Italian.

1. All'inizio della canzone, che cosa pensa il cantante delle città?

_____

2. Com'è cambiata l'opinione del cantante alla fine?

_____

3. Secondo te, perché ha cambiato opinione?

_____

_____

E. Cultura. Reply briefly in Italian.

In Italia lo sviluppo edilizio nelle periferie delle città è stato spesso sfrenato, con evidenti risultati antiestetici *(unappealing)*. Descrivi lo sviluppo edilizio nel tuo paese. Cosa ne pensano gli abitanti?

_____

_____

_____

F. E tu? Reply briefly in Italian.

1. Hai mai lasciato il cuore *(left your heart)* in qualche posto, o a qualcuno? Spiega.

_____

_____

2. Parla di una canzone nella tua lingua che è simile a «Il ragazzo della via Gluck».

_____

_____

5

Tutti a tavola!

PAROLE ED ESPRESSIONI NUOVE

CD 1
Track 40

A. Una dieta non riuscita! Elena, who is on a diet, is talking about her dinner out with Lorenzo. Listen to her description of what she and Lorenzo ordered and ate, then fill in the words you hear to complete her statements. You will hear each statement twice.

1. Ieri io e Lorenzo siamo usciti a _____.

2. Come sai, io sono a _____, e così ho ordinato solo cose magre e leggere.

3. Lui, invece, mangia sempre come un bue! Così ha ordinato una cena abbondante

   e _____.

4. Come _____, lui ha ordinato un piatto di salame d'oca, che come sai è

   molto grasso. Io, invece, un'_____.

5. Quando ho visto il salame, ho chiesto a Lorenzo se potevo _____. Alla fine,

   ho mangiato metà della sua _____.

6. Come primo piatto, volevo stare leggera. Così ho ordinato una minestrina di

   _____. Lui, invece, ha preso i tortellini alla _____.

7. La _____ era buona, ma non era abbastanza. Così ho mangiato parte dei

   _____ di Lorenzo.

8. Per secondo, ho chiesto solo della verdura di stagione cotta. Lui, invece, ha ordinato del

   _____ al _____ bianco con contorno di patate arrosto.

9. Naturalmente, ho dovuto _____ il vitello. Ma non le _____.
   Sono a dieta.

10. Siccome avevo ordinato cose leggere per tutta la cena, per dolce mi sono concessa un ottimo

    _____.

11. Vedi, non è difficile _____. Basta resistere un po' e non cedere alle
    tentazioni...

CD 1
Track 41

B. Cos'ha mangiato? Listen again to Elena's description of her meal. What did she actually eat?

1. Antipasto _____

2. Primo _____

3. Secondo _____

4. Dolce _____

STRUTTURA

CD 1
Track 42

Indicare a chi è diretta un'azione

I. *Pronomi personali (oggetto indiretto)*

Mangia anche il dolce? Three of Elena's friends are at an adjoining table and are commenting on her dinner. Transform their statements by using indirect-object pronouns, making any necessary changes. You will hear each statement twice.

ESEMPIO　You hear:　Lorenzo offre la cena a Elena.

　　　　　　You see:　Lorenzo _____ offre la cena.

　　　　　　You write:　*le*

1. Elena _____ chiede un'insalata.

2. La cameriera porta _____ la cena.

3. Elena _____ chiede di poter assaggiare il salame.

4. I tortellini con la panna _____ fanno male.

5. Se sei a dieta, non _____ fa certo bene mangiare come Elena!

6. È difficile stare a dieta. Se volete farlo, _____ consiglio di telefonare ad un dietologo.

7. Quando io ero a dieta, _____ ha dato dei consigli molto validi.

8. È importante per la nostra salute nutrirsi correttamente, anche a costo di sacrifici. Dobbiamo imparare a voler _____ bene.

Esprimere ciò che piace o non piace

II. *Piacere* e verbi come *piacere*

CD 1
Track 43

Cosa piace agli altri? During her meal, Elena comments continually on the dishes other people have ordered and on other people's tastes. Complete her commentary using the verb **piacere**.

ESEMPI　You hear:　Ordino la pasta.

　　　　　　You see:　_____ la pasta.

　　　　　　You write:　*Mi piace*

　　　　　　You hear:　La signora beve il vino.

　　　　　　You see:　_____ il vino.

　　　　　　You write:　*Le piace*

1. _____ i tortellini alla panna.

2. _____ la frutta fresca.

3. La selvaggina _____.

4. _____ la torta al cioccolato.

5. La birra _____.

6. _____ l'olio.

7. _____ il tiramisù.

8. _____ la pizza?

Parlare di azioni che si riferiscono al soggetto

■ III. *Verbi riflessivi*

**CD 1
Track 44**

E gli altri, cosa fanno? Lorenzo is thinking about many different things during the meal. You will hear a verb infinitive for each statement twice. Complete Lorenzo's thoughts by writing out the correct form of the verb you hear. Both **presente** and **passato prossimo** forms are included.

ESEMPIO   You see: Io e Elena _____.

You hear: piacersi

You write: *ci piacciamo*

1. Sono a cena con Elena. _____ la settimana scorsa.

2. Nessun cameriere _____ di noi!

3. Una signora va in bagno e _____ le mani.

4. Dei ragazzi festeggiano. Ieri _____.

5. Un bambino è stanco e _____ alla mamma.

6. Una coppia ha finito di mangiare e _____.

7. Al ristorante tutti _____.

8. Elena, però, dice che non ha mangiato abbastanza e adesso _____.

Modificare il significato di un nome o aggettivo

■ IV. *Suffissi speciali*

**CD 1
Track 45**

Che criticona! Elena is criticizing everyone she sees in the restaurant, and she is using many **suffissi speciali** in her comments. After you hear her statements, select the option that most closely reflects the meaning of each word and suffix combination.

ESEMPIO You hear: Che manine ha quella cameriera!

You see: a. mani piccole   b. mani grosse

You circle: *a. mani piccole*

1. a. un po' noiosi
      b. molto noiosi

2. a. parole brutte
      b. parole gentili

3. a. un grande mostro
      b. un brutto piccolo mostro

4. a. un dolce buono
      b. un dolce cattivo

5. a. una bocca grande
      b. una bocca piccola

6. a. una ragazza piccola
      b. una ragazza grossa

7. a. un naso piccolo
      b. un naso grosso

8. a. un bicchiere brutto
      b. un bicchiere piccolo

Parlare di cose o oggetti in modo indefinito

■ V. *Aggettivi e pronomi indefiniti*

**CD 1
Track 46**

Dieta o non dieta? Lorenzo is speaking about Elena and her diet. You will hear a choice of two words. Choose the correct term and write it in the blank. You will then hear the correct sentence.

ESEMPIO You hear: del, qualche

You see: Beve _____ vino?

You write: *del*

You hear: Beve del vino?

1. Io mangio poco. Elena invece mangia _____!

2. _____ cosa io ordini, Elena la assaggia.

3. E poi ha il coraggio di dire che non ha mangiato quasi _____!

4. _____ deve dirle di andare dal dietologo!

5. Deve fare _____ per la sua salute.

6. La sua salute mi preoccupa _____.

7. Ho provato _____ volte a dirle di stare attenta a quello che mangia.

8. Ma forse non le dico più _____. Ho notato che quando è a dieta mangia più di quando non lo è!

■ VI. *Partitivo*

CD 1
Track 47

Un pomeriggio in pasticceria. Lorenzo has called Elena and she is telling him about her plans. Listen carefully to their conversation, then transform each statement by writing in the correct **partitivo.** More than one answer may be possible.

ESEMPIO   You hear: Vorrei bere acqua.

           You see: Vorrei bere _____ acqua.

          You write: *dell'*

1. Oggi pomeriggio vado con _____ amiche in pasticceria.

2. Vogliamo bere _____ caffè.

3. E mangiare _____ torta.

4. _____ volta andiamo in pasticceria e ci fermiamo a chiacchierare per ore.

5. Forse vengono anche _____ altri nostri amici. Perché non vieni con noi?

PER COMUNICARE

CD 1
Track 48

A. Che cosa si risponde? Listen to the following exchanges between two people in a restaurant. Indicate, in each case, whether the second speaker's response is logical or illogical. Each exchange will be repeated twice.

ESEMPIO   You hear: — Mi passi il sale, per piacere?

                    — Perché no? Lo bevo volentieri!

         You check: *Non logica*

	Logica	Non logica
1.	_____	_____
2.	_____	_____
3.	_____	_____
4.	_____	_____
5.	_____	_____

CD 1
Track 49

B. Che cosa diresti tu? Listen again to the statements. Now, write the reply you would have given for each illogical response.

1. _____

2. _____

3. _____

4. _____

5. _____

CANTIAMO! | Giorgio Conte – *Cannelloni*

Giorgio Conte è un compositore e cantautore italiano nato in Piemonte nel 1941. Le sue prime esperienze musicali le ha avute con il fratello Paolo, anche lui musicista famoso. Prima di dedicarsi completamente alla musica, i due fratelli lavoravano per uno studio legale. Giorgio ha scritto molte canzoni per numerosi cantanti italiani famosi, e la sua musica è conosciuta in tutta Europa. La canzone «Cannelloni» ha per soggetto non solo questo tipico piatto italiano, ma anche altri cibi della dieta mediterranea. L'autore ci presenta le sue emozioni riguardo all'esperienza di un pasto molto particolare. Per ascoltarla, vai al sito web **www.cengage.com/login.**

A. Prima dell'ascolto. Before listening to the song, respond to the following briefly in Italian.

1. Di solito, dove preferisci mangiare?

   _____

2. Quante volte al mese mangi al ristorante? Qual è il tuo ristorante preferito?

   _____

3. Al ristorante, che cosa ti piace mangiare e bere?

   _____

   _____

B. Vocabolario. After listening to the song, fill in the missing words using the list below.

cannelloni

moscardini

burro

carcadè

caffè

1. In italiano, _____ non è simile ad un cavallo, ma è simile alla margarina!

2. _____ sono un tipo di pasta ripiena *(stuffed)* a forma cilindrica, come una canna.

3. Mi piace bere il _____ amaro, cioè senza zucchero.

4. Il _____ è un tipo di tè il cui nome deriva da una pianta africana.

5. I _____ sono molluschi marini con otto tentacoli simili a piccoli polpi.

C. Comprensione. After listening to the song, reply to the following questions in Italian.

1. Dov'è il cantante?

   _____

2. È solo?

   _____

3. Cosa mangia lui?

   _____

4. Cosa mangia lei?

   _____

5. Perché mangia poco lei?

   _____

6. Cosa pensa il cantante della situazione?

   _____

   _____

D. Interpretazione. Listen to the song again and then reply to the following questions in Italian.

1. La musica di questa canzone è...

   a. drammatica ed emozionante

   b. leggera e vivace

   c. classica e lenta

2. Com'è il tono di questa canzone?

   a. umoristico

   b. nostalgico

   c. tragico

3. Spiega le tue risposte alle domande 1 e 2 usando alcuni esempi dalla canzone.

   _____

   _____

   _____

E. Cultura. Reply briefly in Italian.

In questa canzone, l'uomo non si preoccupa della linea, ma la donna sì! Questa è una situazione molto comune in Italia. È simile o diversa la situazione nel tuo paese? Perché?

_____

_____

_____

F. E tu? Reply briefly in Italian.

1. Immagina di essere al ristorante con una persona che è a dieta. Quanto mangi tu? Tanto come il cantante, o poco? Perché?

   _____

   _____

   _____

2. Sei mai stato/a a dieta? Se no, conosci qualcuno che è a dieta? Quali sono i cibi tipici di una dieta, e quali cibi sono assolutamente proibiti?

   _____

   _____

   _____

3. Ti è piaciuta questa canzone? Perché? Spiega.

   _____

   _____

   _____

Che lingua parli?

6

PAROLE ED ESPRESSIONI NUOVE

**CD 2
Track 2**

A. Come si dice...? There are often many ways to say the same thing. For each word or expression that you hear, choose the closest equivalent from the list below and write it in the blank.

cercare di   voler dire   lento
accadere   conversare

1. _____
2. _____
3. _____
4. _____
5. _____

**CD 2
Track 3**

B. Consigli per chi viaggia. Roberto's unfinished comments about points to keep in mind while traveling are listed below. Listen to his words and expressions, which you will hear twice, and write the one that best completes each statement.

ESEMPIO   You see: È brutto avere _____.
              You hear: pregiudizi, amicizie
              You write: *pregiudizi*

1. Quando si va in un paese _____, è bene sapere come comportarsi.

2. È importante conoscere _____.

3. Bisogna anche essere capaci di _____.

4. Anche se non si parla bene la lingua, non è difficile _____.

5. In Italia è facile fare _____. Sono tutti molto simpatici!

E tu? Do you agree with any of Roberto's statements? Which one(s)? Why? Reply briefly in Italian.

_____

_____

STRUTTURA

Parlare di eventi del passato

CD 2
Track 4

▓ I. *Passato remoto*

L'invenzione della radio. Marco is telling his friend Luigi about Marconi, the inventor of the radio, and how he became interested in Marconi's work. To complete each of his statements, you will hear a choice of two verbs in the **passato remoto.** Write the correct verb in the blank. You will then hear the correct statement in full.

ESEMPIO   You see: Marconi _____ la radio.
            You hear: inventò, inventai

            You write: *inventò*
            You hear: Marconi inventò la radio.

1. Quando avevo 7 anni, _____ con la scuola al Museo della Scienza della mia città.

2. In quell'occasione, io e i miei compagni _____ molte cose su Guglielmo Marconi, l'inventore della radio.

3. Tu, quando _____ che la radio era stata inventata da un Italiano?

4. Guglielmo Marconi _____ a Bologna nel 1874.

5. Ben presto _____ ai fenomeni naturali e agli esperimenti scientifici.

6. Nel 1885, lui ed un amico _____ il primo famoso esperimento di telegrafia senza fili.

7. L'esperimento _____!

8. Nel 1901, _____ il suo desiderio più grande: comunicare senza fili oltre Atlantico.

9. Le sperimentazioni di Marconi _____ per molti anni.

10. E nel 1909, _____ il premio Nobel per la fisica.

Parlare di azioni completate prima di altre azioni

▓ II. *Trapassato prossimo e trapassato remoto*

CD 2
Track 5

Cos'è successo prima? Tobias, an American high school student, is talking about how he first learned to speak Italian. Listen carefully to his statements. Then indicate which of the two actions in each sentence took place first, and which took place afterward. You will hear each statement twice.

ESEMPIO   You hear: Quando l'aereo atterrò in Italia, mi ero già svegliato.

You see: _____ atterrare _____ svegliarsi

You write: __2__ atterrare __1__ svegliarsi

1. _____ andare in Italia   _____ imparare l'italiano

2. _____ finire l'università   _____ emigrare negli USA

3. _____ venire negli USA   _____ conoscere un ragazzo

4. _____ vivere negli USA   _____ nascere

5. _____ cominciare a parlare   _____ parlare in italiano

6. _____ avere dieci anni   _____ essere stato in Italia

Parlare di cose già menzionate

■ III–IV. *Ci o ne?*

**CD 2
Track 6**

In partenza! Mike is telling his brother about his trip to Italy on a cell phone with a poor connection and often has to repeat himself. Listen to his conversation, then use **ci** or **ne** to complete his statements as he repeats what he has said.

ESEMPIO   You hear: Ho comprato i biglietti.

You see: _____ ho comprati tre.

You write: *Ne*

1. _____ vado.

2. _____ sono riuscito.

3. _____ ho voglia!

4. Non _____ sono mai stato.

5. _____ ho sentito parlare molto bene.

6. Voglio visitar _____ molte.

7. Voglio andar _____ .

8. Voglio conoscer _____ molte!

Parlare di persone o cose senza nominarle

■ V. *Pronomi personali (forme combinate)*

**CD 2
Track 7**

Teniamoci in contatto! Mike has found a girlfriend during his trip to Italy, but he has to return home tomorrow. He is telling his friends about his last date, repeating each of his statements for emphasis. Complete his sentences as he repeats himself, using the correct double object pronouns.

ESEMPIO   You hear: Do i fiori a Marta.

                You see: _____ do.

               You write: *Glieli*

1. _____ do.

2. Voglio dir _____, ma non ho il coraggio.

3. Il cameriere _____ porta.

4. Marta _____ parla.

5. Lei improvvisamente _____ dice.

6. _____ do.

7. E _____ chiedo.

8. E _____ promettiamo.

9. E _____ diamo tanti.

10. E poi mi sveglio. Io _____ dicevo...

PER COMUNICARE

A. Che cosa si risponde? Listen to the following exchanges between two people arguing on an elevator. Indicate in each case whether the second speaker's response is logical or illogical. Each exchange will be repeated twice.

CD 2 Track 8

ESEMPIO   You hear: — Scusi, posso aggiungere una cosa?

                           — No, non è così. Ti sbagli.

              You check: *Non logica*

    Logica   **Non logica**

1. _____   _____

2. _____   _____

3. _____   _____

4. _____   _____

B. Che cosa diresti tu? Listen again to the statements. Now, write the reply you would have given for each illogical response.

CD 2 Track 9

1. _____

2. _____

3. _____

4. _____

CANTIAMO! | Jonny Dorelli – *Lettera a Pinocchio*

«Lettera a Pinocchio» è una famosissima canzone per bambini presentata al pubblico italiano nel 1959. La versione più famosa è però quella del 1961, interpretata dal celebre cantante e uomo di spettacolo Johnny Dorelli. Come indica il titolo, questa canzone è dedicata al burattino *(puppet)* Pinocchio creato alla fine dell'Ottocento dallo scrittore fiorentino Carlo Collodi. A distanza di cinquant'anni, questa canzone continua ad appassionare grandi e bambini. Per ascoltarla, vai al sito web **www.cengage.com/login.** La versione che trovi su questo sito è cantata da Elisa Mutto ed è una delle tante in commercio.

A. Prima dell'ascolto. Before listening to the song, respond to the following briefly in Italian.

1. Chi è Pinocchio? Descrivilo o fai un disegno.

_____

_____

2. Considera il titolo di questa canzone e indovina di che cosa parla.

_____

_____

B. Vocabolario. After listening to the song, match the words with their definitions.

_____ 1. lieti

_____ 2. lettino

_____ 3. sfogliai

_____ 4. babbo

_____ 5. ingannò

_____ 6. grillo

_____ 7. Fata Turchina

a. un piccolo letto

b. passato remoto, terza persona di un verbo che significa «*to deceive*»

c. un piccolo insetto verde che in questa favola parla

d. la donna molto bella e buona con poteri magici che aiuta Pinocchio

e. un'altra parola per «papà»

f. felici, contenti

g. passato remoto, prima persona di un verbo che significa «*to leaf through*»

C. Comprensione. Reply to the following questions in Italian.

1. Che cosa confidava a Pinocchio il bambino / la bambina?

_____

2. Dov'era il bambino / la bambina quando sognava Pinocchio?

_____

3. Che cosa sfogliava il bambino / la bambina?

_____

4. Chi è Geppetto?

_____

5. Riconosci altri personaggi della favola? Scrivi i loro nomi.

_____

6. Che cosa fece il gatto? E il grillo?

_____

D. Interpretazione. Listen to the song again and then reply to the following questions in Italian.

1. Secondo te, che tipo di ricordi associa a Pinocchio la persona che scrive questa lettera?

_____

2. È cresciuta o è ancora bambina la persona che scrive questa lettera? Sono cambiati i suoi sentimenti? Come?

_____

_____

E. Cultura. Reply briefly in Italian.

La storia di Pinocchio è conosciuta in tutto il mondo. Sapevi che era una favola italiana? Spesso le persone non conoscono l'origine delle favole più famose che sentono da bambini. Conosci altre favole famose? Chi le ha scritte? Da quale paese vengono?

_____

_____

_____

F. E tu? Reply briefly in Italian.

1. Che cosa scriveresti nella tua lettera a Pinocchio?

_____

_____

2. Qual era la tua favola preferita da piccolo/a? Racconta brevemente la trama.

_____

_____

_____

3. Qual era la tua canzone preferita da piccolo/a? È simile a questa? Di che cosa parla?

_____

_____

_____

Che lavoro farai?

PAROLE ED ESPRESSIONI NUOVE

**CD 2
Track 10**

A. Presto cercherò lavoro. Giovanna, a university student, is taking the train to school. She is telling another passenger about her plans to look for work. Listen to her statements, then fill in the blanks to complete them with the words you hear. You will hear each statement twice.

1. Attualmente, sono ancora studentessa, ma presto mi laureerò e cercherò un

   _____.

2. Mi piacerebbe lavorare nel _____ della contabilità.

3. Sto già preparando numerose _____ di assunzione.

4. E sto anche facendo una lista delle _____ alle quali vorrei mandarle.

5. Spero di trovare un lavoro _____ con un buono _____.

**CD 2
Track 11**

B. Una settimana in fiera. Stefano has seen a job announcement in the paper and has called the number listed for additional information. Listen to the message he hears, then supply the information about the job requested below.

1. Che tipo di lavoro è?

   _____

2. Dov'è la fiera?

   _____

3. Quando è la fiera? Per quanti giorni è il lavoro?

   _____

4. Qual è lo stipendio offerto?

   _____

5. Qual è l'orario?

   _____

STRUTTURA

(**Presentare azioni future**)

■ I. *Futuro*

**CD 2
Track 12**

A. Cosa farai da grande? Several children in kindergarten are speaking about what they would like to do when they grow up. Express each of their statements by using the future tense following the model. Write the new verb in the blank.

158

ESEMPIO   You hear: Lui vuole costruire ponti.
              You see: Lui _____ ponti.
              You write: *costruirà*

1. Io _____ il pompiere.

2. Mia sorella _____ professoressa di musica.

3. Io e mio fratello _____ un negozio di giocattoli.

4. I miei cugini _____ prestigiatori.

5. Io _____ viaggi interspaziali.

6. Il mio migliore amico _____ gli insetti.

7. Io _____ a cavallo.

8. E tu, Sandro, _____ presidente!

9. E voi, cosa _____?

B. Leonardo, l'inventore! Listen as Leonardo, an elementary school pupil, talks about what he plans to do when he grows up, then mark each statement as **vero, falso,** or **non si sa.**

CD 2
Track 13

Vero	Falso	Non si sa	
_____	_____	_____	1. Leonardo ha pensato tanto al suo passato.
_____	_____	_____	2. La scuola di Leonardo è dietro al parco.
_____	_____	_____	3. Leonardo andrà a scuola in bicicletta.
_____	_____	_____	4. La maestra farà i compiti con una macchina.
_____	_____	_____	5. Secondo Leonardo, a dieci anni lui sarà già famoso.
_____	_____	_____	6. A Leonardo piace la verdura, ma non il cioccolato.

(**Parlare di eventi realizzabili in determinate condizioni**)

■ II. *Condizionale*

CD 2
Track 14

A. Quale lavoro faresti? Several parents are talking about what they do now, and what they would like to do if anything were possible. Complete their statements by writing in the correct conditional form of each verb you hear.

ESEMPIO   You hear: Io faccio il professore.
              You see: _____ il preside.
              You write: *Farei*
              You hear: Farei il preside.

1. _____ il direttore.

2. _____ dottori.

3. _____ una Ferrari.

4. _____ aeroplani.

5. _____ al Grand Hotel.

6. _____ a spasso ogni giorno.

**CD 2
Track 15**

B. E tu, cosa faresti? What would you do if anything were possible? You will hear several questions twice. Answer them using the conditional tense.

ESEMPIO   You hear: Mangeresti al ristorante ogni giorno?

You write: *Sì, mangerei al ristorante ogni giorno.*

or: *No, non mangerei al ristorante ogni giorno.*

1. _____

2. _____

3. _____

4. _____

▪ III. *Dovere, potere e volere*

**CD 2
Track 16**

A chi diamo il progetto? You are a manager, and you must decide who should work on an important project. A colleague is telling you about three employees: Paola, Mariarosa, and Diego. Listen to what she says about them, then determine who can work on the project, who wants to work on it, and finally, who must work on it. Indicate the answers in the chart below.

	Vuole	Può	Deve
Paola			
Mariarosa			
Diego			

PER COMUNICARE

CD 2 Track 17

Pierino, il postino pasticcione! Several of the letters that Pierino, a mailman, must deliver have come apart. He needs to determine which letters belong in which envelopes without reading through the content. Help him to do this by listening to the opening and closing lines of the letters. The names on the envelopes are listed below.

Famiglia Capuleti
Papa Benedetto XVI
Gentile Signora Cima
Romeo Montecchi
Perotto & Co.

ESEMPIO   You hear: Carissimi...// Un abbraccio a tutti...//
         You write: *Famiglia Capuleti*

1. _____

2. _____

3. _____

4. _____

⊕ **CANTIAMO!** | Tiziano Ferro – *Sere nere*

«Sere nere» è una canzone scritta e cantata da Tiziano Ferro. Fa parte del suo album *111* uscito nel 2003. Questo brano musicale ha avuto un grandissimo successo, ed è stato in cima alla classifica *(#1 on the charts)* per nove settimane. È stata tradotta e cantata in altre lingue, e la versione spagnola «Tardes negras» con la cantante Liah ha venduto numerosissime copie in tutti i paesi di lingua spagnola. «Sere nere» fa anche parte della colonna sonora di un recente film italiano. La versione su iTunes è cantata da Giulia Bevilacqua ed è molto simile all'originale. Per ascoltarla, vai al sito web **www.cengage.com/login**.

A. Prima dell'ascolto. Before listening to the song, respond to the following briefly in Italian.

1. Considera il titolo di questa canzone. Secondo te, come sarà il tono? E lo stile?

_____

_____

2. Coniuga i seguenti verbi al futuro:

Ripensare (io) _____

Servire (lui / lei) _____

Capire (lui / lei) _____

Volere (tu) _____

Vedere (tu) _____

Essere (io) _____

B. Vocabolario. After listening to the song, match the words or phrases with their definitions.

_____ 1. passa distratta

_____ 2. se non uccide fortifica

_____ 3. fa male da morire

_____ 4. mi distrae

_____ 5. citofono

_____ 6. guai

_____ 7. parlandogli addosso

_____ 8. levigato

_____ 9. giuro

a. *distracts me*

b. *intercom / entry phone*

c. *smoothed over*

d. *passes unnoticed*

e. *speaking over it*

f. *I swear*

g. *it hurts to death*

h. *troubles*

i. *if it doesn't kill you it makes you stronger*

C. Comprensione. Reply to the following questions in Italian.

1. Che cosa sente il cantante / la cantante alla tv?

_____

2. Che cosa fa male da morire al / alla cantante?

_____

3. Che cosa lo / la distrae?

_____

4. Che cosa ha combattuto il / la cantante?

_____

5. Che cosa giura?

_____

_____

D. Interpretazione. Listen to the song again and then reply to the following questions in Italian.

1. Secondo te, queste persone (cantante e persona a cui parla) sono famose? Spiega usando alcune parole della canzone.

_____

_____

2. Come si comporterà *(behave)* il / la cantante con l'altra persona? Sarà disponibile o farà il prezioso / la preziosa *(play hard to get)*? Giustifica la tua risposta.

_____

_____

E. Cultura. Reply briefly in Italian.

In Italia si parla spesso della vita amorosa delle persone famose, in televisione, alla radio, sui giornali e su Internet. È così anche nel tuo paese? Sei interessato/a a questo tipo di pettegolezzi *(gossip)*? Se sì, dove segui i tuoi personaggi preferiti? Se no, perché?

_____

_____

_____

F. E tu? Reply briefly in Italian.

1. Ti sei mai sentito/a triste come la persona che canta? Perché?

_____

_____

2. Hai mai scritto una canzone o una poesia quando qualcuno ti ha lasciato/a? Perché?

_____

_____

3. Hai mai fatto il prezioso / la preziosa? Spiega.

_____

_____

8

Capitolo

Abitare in famiglia o no?

**CD 2
Track 18**

A. Quanti parenti! Alessandro is asking Laura about the people in a photo that she is showing him. You will hear brief exchanges, each repeated twice, identifying each person. Fill in the blanks to complete Alessandro's summary of the information he hears.

ESEMPIO   You hear: Chi è questa signora?

È la sorella di mia madre.

You see: Ho capito. È tua _____.

You write: *zia*

1. Ah, allora è la tua _____.

2. Allora sei _____.

3. Sono _____.

4. Ho capito, lei è _____.

5. Allora è tuo _____.

**CD 2
Track 19**

B. Forse torno indietro! Alice is 25 years old. She has recently left her parents' home to live on her own and she is telling a friend about the experience. Listen to her story, and then mark the statements below as **vero, falso,** or **non si sa.**

Vero	Falso	Non si sa	
_____	_____	_____	1. Alice ha una sorella più grande.
_____	_____	_____	2. Alice voleva essere indipendente.
_____	_____	_____	3. Alice è andata a vivere con due conti.
_____	_____	_____	4. Alice fa la segretaria.
_____	_____	_____	5. Alice comincia a pensare che forse era meglio prima...

(**Esprimere incertezza o soggettività**)

■ **I. *Congiuntivo presente e passato***

**CD 2
Track 20**

Vado a vivere da solo! Stefania is speaking with her friend Davide about her brother, who wants to live on his own. Listen to Davide's questions, and then complete Stefania's replies using the correct **congiuntivo presente** or **passato** form. You will then hear the correct response.

ESEMPIO You hear: È vero che tuo fratello va a vivere da solo?

You see: Sì, pare che lui _____ a vivere da solo.

You write: *vada*

You hear: Sì, pare che lui vada a vivere da solo.

1. Sì, penso che l' _____ già trovata.

2. Sì, ho paura che _____ molto.

3. Credo che si _____ in periferia.

4. Dubito che _____ contenti.

5. Sì, preferiscono che _____ sempre insieme.

6. Sono sorpresa che tu lo _____.

7. Sì, spero che voi _____ moglie! Con queste idee, chi vi sposa?

> **Esprimere emozioni, desideri e speranze. Esortare**

II. *Uso del congiuntivo*

A. Alla festa di Susi. Susi is having a housewarming party to celebrate moving into her first apartment. The guests are commenting on the home and their hostess. Listen to each statement, then indicate which of the word pairs shown best describes it.

CD 2 Track 21

ESEMPI You hear: Sono sicuro di conoscere quella persona.

You check: *certezza, fatto*

You hear: Penso che debba arrivare altra gente.

You check: *opinione, emozione*

	certezza o fatto	opinione o emozione	dubbio o incertezza	desiderio o comando
1				
2				
3				
4				
5				
6				
7				
8				

B. Il tuo ragazzo non mi convince. Angela has brought her new boyfriend home for dinner with her parents, but things have not gone very well. Dinner has ended, her boyfriend has left, and Angela's father is speaking with her. After you hear his statements, complete Angela's replies by conjugating the verb given using the **congiuntivo** or **indicativo** as appropriate. You will hear the verb twice.

CD 2
Track 22

ESEMPIO   You hear: Non mi piace quel ragazzo.

           You see: Penso che tu _____ conoscerlo meglio.

           You hear: dovere

           You write: *debba*

1. Tutti sanno che questa _____ la moda.

2. È probabile che a mezzogiorno non _____ mangiato. Aveva fame.

3. Invece parla molto, a condizione che tu gliene _____ la possibilità.

4. Credo che tu e la mamma _____ troppo!

5. Hai ragione, mi dispiace. Riconosco che non _____ fatto una buona impressione.

6. Sì, anche a me. Pensi che _____ invitarlo ancora a cena?

> ### Usare espressioni indefinite

■ III. *Altri usi del congiuntivo*

Che bella famiglia! Everyone is fond of the Felice family. Read one neighbor's remarks below, then listen to a choice of two words or expressions for each number. Write the correct words in the blanks in order to complete the paragraph. You will hear each choice twice.

CD 2
Track 23

Conosci la famiglia Felice? Secondo me, è la famiglia (1) _____ che ci sia.

(2) _____ vada, la gente l'ammira. (3) _____ cosa

facciano, a loro riesce sempre bene. Non conosco (4) _____ che non abbia

fiducia in loro. Quando decidono di fare qualcosa, (5) _____ che li possa

fermare. (6) _____ quale sia il loro segreto.

PER COMUNICARE

A. Che cosa si risponde? Listen to the following exchanges between Giuliana and her boyfriend, who is helping her to make dinner. Indicate in each case whether Giuliana's response is logical or illogical.

CD 2
Track 24

ESEMPIO   You hear: — È vero che tuo fratello si sposa?

                             — Ho paura di non passare l'esame.

           You check: *Non logica*

	Logica	Non logica
1.	____	____
2.	____	____
3.	____	____
4.	____	____
5.	____	____

**CD 2
Track 25**

B. Che cosa diresti tu? Listen again to the exchanges between Giuliana and her boyfriend. Then, write the reply you would have given for each illogical response.

1. _____

2. _____

3. _____

4. _____

5. _____

CANTIAMO! | Ornella Vanoni – *L'appuntamento*

Cantata da Ornella Vanoni, «L'appuntamento» ha avuto il suo primo successo nel 1970, rimanendo per molti mesi al primo posto delle classifiche. Se questa canzone vi sembra familiare, è perché l'avete sentita all'inizio del film *Ocean's Twelve!* Grazie a questo film, si è rinnovato l'interesse per Ornella Vanoni in tutto il mondo. Ornella è principalmente conosciuta ed apprezzata per le sue canzoni malinconiche e sensuali, e nella sua carriera di quasi mezzo secolo ha abbracciato molti generi diversi. Per ascoltare questa canzone, vai al sito web **www.cengage.com/login.**

A. Prima dell'ascolto. Before listening to the song, and using the information you have learned above, respond to the following briefly in Italian.

1. Secondo te, di che tipo di appuntamento si parla in questa canzone?

_____

2. Come sarà il tono della canzone? E che cosa succederà?

_____

_____

B. Vocabolario. After listening to the song, complete the following exercises.

1. This song uses the progressive form, which, as you can see, is roughly equivalent to the present tense. Write the present tense forms corresponding to the following progressive forms.

   ESEMPIO: You see: Sto sbagliando
                   You write: *Sbaglio*

   a. Sta passando _____

   b. Sto aspettando _____

   c. Sta piovendo _____

2. Choose the correct word from the song to complete the sentence.

   a. Un' azione stravagante, da matto, è una (pazzia / pizza).

   b. (Pianto / Riso) a volte è sinonimo di dolore.

   c. Un altro modo di dire «faccia» è (gamba / volto).

   d. (Ad un tratto / Adagio) è il contrario di lentamente.

   e. Se ti vedo apparire, ti vedo (dormire / spuntare).

   f. È tardi, dobbiamo andare, (fai presto / fai con calma)!

   g. Quello che rimane è (il resto / quello che non c'è).

   h. Una cosa ridotta in pezzi piccolissimi è (intera / sbriciolata).

C. Comprensione. After listening to the song, reply to the following questions in Italian.

1. Usa una parola della canzone per descrivere questo appuntamento.

   _____

2. Come si sente la cantante in mezzo alla gente?

   _____

3. Che tempo fa?

   _____

4. La cantante aspetta a lungo l'uomo o va via subito?

   _____

5. Alla fine, arriva l'uomo?

   _____

D. Interpretazione. Listen to the song again and then reply to the following questions in Italian.

1. Secondo te, perché la cantante si presenta all'appuntamento anche se sa che è una pazzia? Quali sono le sue motivazioni?

   _____

   _____

2. Che cosa rappresenta il cambiamento del tempo nella canzone? Spiega.

_____

3. Secondo te, perché l'uomo non si è presentato all'appuntamento?

_____

E. Cultura. Reply briefly in Italian.

In questa canzone, sembra che la donna pensi di non poter vivere senza un uomo. La sua vita le appare triste e vuota, e sembra che solo l'uomo possa cambiarla. Ancora oggi, come cinquant'anni fa, molte persone hanno come unico scopo nella vita l'amore e la famiglia. Però le cose stanno cambiando, e sempre più donne trovano ragioni di vita anche nel lavoro o in altri interessi. Secondo te, è così anche per gli uomini? Com'è cambiato il rapporto tra donna e uomo rispetto al passato?

_____

_____

_____

_____

F. E tu? Reply briefly in Italian.

1. Immagina di essere andato/a ad un appuntamento e di aspettare l'arrivo di qualcuno. Quanto tempo aspetti? Che cosa fai se l'altra persona non arriva?

_____

_____

_____

2. Che valore dai tu all'amore e alla famiglia? Quale posto occupano nella tua vita?

_____

_____

_____

9

Ma come, non hai la macchina?

PAROLE ED ESPRESSIONI NUOVE

CD 2
Track 26

A. Signora, si calmi... A woman is speaking to a boy who has thrown a hamburger wrapper on the ground. You will hear their conversation twice. Mark the statements below as vero, falso, or non si sa.

Vero	Falso	Non si sa	
_____	_____	_____	1. Il ragazzo che butta la carta per terra è alto.
_____	_____	_____	2. La signora è una persona molto tranquilla.
_____	_____	_____	3. La signora è un'ambientalista.
_____	_____	_____	4. Il ragazzo lascia il pezzo di carta per terra.
_____	_____	_____	5. La signora è soddisfatta di quello che dice il ragazzo.

B. Che pensi tu? Do you think the woman's reaction was appropriate? Why or why not? Write a brief reply in Italian.

_____

_____

STRUTTURA

⟨ Esprimere emozioni, desideri e speranze al passato ⟩

■ I. *Congiuntivo imperfetto e trapassato*

CD 2
Track 27

Ripensando alla Terra... Mr. Verdi, an environmentalist, is telling his grandchildren about his current and past concerns. Each time he makes a statement in the present tense, help him complete a related statement indicating that his feelings were similar in the past. Write the correct form of the verb in the **congiuntivo imperfetto** or **trapassato**. You will then hear the correct sentence.

ESEMPI You hear: Penso che stiamo inquinando l'ambiente.

You see: Pensavo che _____ inquinando l'ambiente.

You write: *stessimo*

You hear: Pensavo che stessimo inquinando l'ambiente.

You hear: Penso che abbiamo fatto poco per proteggerlo.

You see: Pensavo che _____ poco per proteggerlo.

You write: *avessimo fatto*

You hear: Pensavo che avessimo fatto poco per proteggerlo.

1. Sembrava che le persone _____ più interessate ai problemi ambientali.

2. Tutti temevano che _____ inquinando troppo.

3. Tuttavia, mi pareva che non si _____ abbastanza.

4. Speravo che non _____ già _____ danni irreversibili.

5. Avrei preferito che la gente _____ meno in macchina.

6. Volevo che le industrie _____ meno.

7. Speravo che anche voi _____ di più.

8. Quando la gente mi sentiva parlare, pensava che io _____.

9. Avevo paura di non _____ abbastanza.

10. Nessuno sapeva quanto _____ resistere il mondo.

■ II. *Concordanza dei tempi nel congiuntivo*

Salviamo l'ambiente. Several people are speaking at a convention focusing on environmental protection. You will hear two words or expressions for each statement. They will be read twice. Select the one that best completes the statement.

CD 2
Track 28

ESEMPIO   You see: È importante che tutti _____ l'ambiente.

You hear: rispettino, rispettassero

You write: *rispettino*

1. Secondo me bisognerebbe che ogni casa _____ i pannelli solari.

2. Penso che al giorno d'oggi si _____ avere più cura dell'ambiente.

3. Chi avrebbe mai immaginato che un giorno io _____ per la natura?

4. Prima che la gente _____ a non andare in macchina passerà molto tempo.

5. Non credevo che _____ anche lui a questo convegno.

6. Benché _____ tutti preoccupati per l'ambiente, non conosco nessuno che non abbia la macchina.

> **Mettere in evidenza persone e oggetti**

■ III. *Questo* e *quello* e altri dimostrativi

Quante macchine! Waiting for a salesperson at a car dealership, Maurizio overhears a number of conversations. Complete the responses to the questions you hear, using **questo** if the question contains **quello,** and **quello** if the question contains **questo.**

CD 2
Track 29

ESEMPI   You hear: Ti piace questa macchina?

You see: No, preferisco _____.

You write: *quella*

You hear: Quei prezzi sembrano buoni.

You see: Sì, ma anche _____ prezzi non sono male.

You write: *questi*

Struttura **171**

1. No, è _____.

2. No, _____ rossa.

3. No, preferisco _____ italiane.

4. Sì, ma _____ auto è più recente.

5. Sì, ma _____ impiegato sembra più simpatico.

6. No, preferisco _____ altri.

7. No, prendo _____ altra.

> ### Stabilire una connessione tra due idee

■ IV. *Pronomi relativi*

Una bici? Two clerks who work in a bike shop are discussing a client. You will hear two of their comments for each number below. Combine the two sentences you hear into a single sentence by using the appropriate **pronome relativo**.

CD 2
Track 30

ESEMPIO   You hear: Ecco la bicicletta. La compro.

You see: Ecco la bicicletta _____ compro.

You write: *che*

1. Ecco il cliente _____ ti parlavo.

2. È una persona _____ deve essere molto ricca.

3. È un professore _____ piace parlare dell'ambiente.

4. Le biciclette _____ compra, le regala.

5. L'ultima l'ha regalata ad un ragazzo, il _____ la usa sempre.

6. Secondo lui, il giorno _____ andranno tutti in bicicletta sarà un bel giorno!

PER COMUNICARE

CD 2
Track 31

Un vigile poco «vigile». Carlo, a policeman, is trying to direct traffic, but is continually interrupted by people asking for directions. Listen to his instructions, and then supply the information requested below. You will hear each conversation twice.

1. a. Dove vuole andare? _____

b. Come ci arriva? _____

_____

2. a. Dove vuole andare? _____

b. Come ci arriva? _____

_____

3. a. Dove vuole andare? _____

   b. Come ci arriva? _____

   _____

4. a. Dove vuole andare? _____

   b. Come ci arriva? _____

🌐 **CANTIAMO!** | Eros Ramazzotti – *Cose che ho visto*

I problemi dell'ambiente sono tra i più seri ed urgenti che il mondo deve affrontare.
Questo è un argomento che viene trattato da anni, e più di una canzone è stata dedicata a questo soggetto. «Cose che ho visto» è una canzone del 1987 cantata da Eros Ramazzotti, uno dei cantanti pop italiani di maggior successo degli ultimi vent'anni. Oltre a quelli dell'ambiente, in questa canzone Eros menziona altri problemi che l'umanità deve risolvere. Sarà una canzone triste o piena di speranza? Per scoprirlo, vai al sito web **www.cengage.com/login.**

A. Prima dell'ascolto. Before listening to the song, respond to the following briefly in Italian.

1. Quali sono per te i problemi più urgenti che il mondo deve affrontare?

   _____

   _____

2. Considera il titolo della canzone. Secondo te, quali sono alcune cose che ha visto il cantante?

   _____

   _____

B. Vocabolario. After listening to the song, unscramble the words defined below.

1. Diventare vecchi

   (vnicehcerai) __i__ ____ ____ ____ ____ ____ ____ ____ ____ ____

2. Quello che si butta via (*throw away*)

   (izmmaidnio) __i__ ____ ____ ____ ____ ____ ____ ____ ____ ____

3. Molto calda

   (rrvaoaentta) __a__ ____ ____ ____ ____ ____ ____ ____ ____ ____ ____

4. Un metallo molto pesante. Una volta era anche nella benzina

   (bimoop) __p__ ____ ____ ____ ____ ____

5. Quando le persone hanno molta sete, sono...

   (sastetea) __a__ ____ ____ ____ ____ ____ ____ ____

6. Drappo di uno o più colori che rappresenta una nazione

(andbeiar) __b__ _____ _____ _____ _____ _____ _____ _____

7. Una nuvola

(buen) __n__ _____ _____ _____

8. Combattere

(tearlot) __l__ _____ _____ _____ _____ _____ _____ _____

C. Comprensione. After listening to the song, reply to the following questions in Italian.

1. La gente che il cantante ha visto invecchiare è sola o con una famiglia?

   _____

2. Dove ha visto vendere la droga il cantante?

   _____

3. Di che cosa hanno bisogno le terre assetate?

   _____

4. Come vuole il cantante che sia la gente?

   _____

5. Secondo te, che cosa ha creato una nube gigante?

   _____

6. Com'è l'acqua?

   _____

7. Che cosa spera il cantante?

   _____

8. Che cosa chiede a se stesso alla fine della canzone?

   _____

D. Interpretazione. Listen to the song again and then reply to the following questions in Italian.

1. Secondo te, il cantante è ottimista o pessimista riguardo al futuro del mondo? Giustifica la tua risposta.

   _____

   _____

   _____

E. Cultura. Reply briefly in Italian.

Secondo il cantante, per poter risolvere i problemi del mondo, ogni persona deve essere sincera al di là (*leaving behind*) della sua ideologia o nazione. Questo è un sentimento diffuso in Italia. Nel tuo paese ci sono persone con simili idee? Spiega.

_____

_____

_____

F. E tu? Reply briefly in Italian.

1. Quali dei problemi menzionati nella canzone ti preoccupano di più? Perché?

_____

_____

_____

2. Secondo te, che cosa possiamo fare per risolvere questi problemi? Sei ottimista o pessimista riguardo al futuro del mondo?

_____

_____

_____

Cosa facciamo questa sera?

PAROLE ED ESPRESSIONI NUOVE

CD 2
Track 32

A. Telespettatori. A group of friends is discussing their preferences in television and film. You will hear two words or expressions for each statement. Select the one that best completes the sentence and write it in the blank. You will hear the choices twice.

ESEMPIO   You hear: alla televisione, al cinema

You see: Preferisco stare a casa e vedere i film _____.

You write: *alla televisione*

1. La sera, di solito, guardo trasmissioni di _____.

2. Io guardo poco la tele, ma se c'è un _____ in cui gioca l'Italia non me lo perdo.

3. A me piace vedere i film dell'orrore al cinema, perché non sono interrotti dalla _____.

4. Ieri ho visto un film in inglese. Era difficile da capire, meno male che c'erano i _____.

5. Domani trasmettono il concerto di Claudio Baglioni. Penso di _____.

STRUTTURA

(Ordinare, esortare, pregare qualcuno di fare qualcosa)

■ I. *Imperativo*

CD 2
Track 33

A. Aiuto, ditemi cosa devo fare! Cornelio is getting advice from his doctor, and afterward from his friends, on how to cope with his nightmare. You will hear each piece of advice two times. Transform each suggestion by changing the verb following **dovere** into the correct form of the imperative. Be careful: some are familiar and some are formal forms.

ESEMPI   You hear: Deve stare tranquillo.

You see: _____ tranquillo!

You write: *Stia*

You hear: Devi contare le pecore prima di dormire.

You see: _____ le pecore prima di dormire!

You write: *Conta*

1. _____ un tranquillante!

2. Prima di dormire, _____ di rilassarsi!

3. _____ consiglio ad uno psichiatra!

4. _____ strada quando torni dal lavoro!

5. _____ con gli occhiali, così vedi chi è l'assassino!

6. _____ le strade con i buchi!

7. _____ suonare la sveglia ogni cinque minuti!

8. _____ paura! L'incubo è un messaggio sinistro!

9. _____ un film ispirato al tuo incubo!

10. _____ attento! Quello non è un incubo, succede davvero!

CD 2
Track 34

B. Aiuto, ditemi cosa non devo fare! Cornelio's doctor and friends have more advice, but now they are telling him about what he must *not* do. Transform their statements, which you will hear twice, by writing out the correct form of the negative imperative. Again, some answers are in the formal form.

ESEMPI   You hear: Non deve bere troppa birra.

   You see: Non _____ troppa birra!

   You write: *beva*

   You hear: Non devi pensare troppo a questo incubo.

   You see: Non _____ troppo a questo incubo!

   You write: *pensare*

1. Non _____ troppo la sera!

2. Non si _____, cerchi di stare calmo!

3. Non _____ più i film dell'orrore!

4. Non _____ l'attore, saresti pessimo!

5. Non _____ più a casa a piedi!

6. Non _____ dall'ufficio da solo, torna con qualcuno!

7. Non _____ il tuo incubo a nessuno.

8. Non _____ l'*Inferno* di Dante a letto!

9. Non _____ vino la sera, bevi camomilla!

10. Non ti _____ dell'incubo quando forse hai un cadavere nell'armadio!

CD 2
Track 35

C. Calmatelo! Cornelio and his wife Crudelia have invited the doctor and his family, including his badly behaved children, to dinner. Cornelio, amid the chaos, has to repeat everything he says. Repeat each of Cornelio's requests, which you will hear twice, using the imperative form with the appropriate direct- or indirect-object pronoun, or **ci** or **ne.** You will then hear the correct sentence.

ESEMPIO   You hear: Passa il pane al dottore.

   You see: _____ il pane!

   You write: *Passagli*

   You hear: Passagli il pane!

1. _____!

2. Bambini, _____!

3. _____ sulla pasta!

4. Bambini, _____ in pace!

5. Dottore, _____ a mia moglie!

6. Crudelia, _____ una tazza di camomilla!

7. Bambini, _____!

8. _____!

Esprimere apprezzamento

■ II. *Come* e *quanto* nelle esclamazioni

Sono un po' strani... The doctor's wife and the children are whispering about the dinner and their hosts at the end of the meal. Make the statements you hear more emphatic by using **come, che,** or **quanto.**

CD 2
Track 36

ESEMPI   You hear: Quel signore è strano.

You see: _____ è strano!

You write: *Com'* or *Quant'*

You hear: Sua moglie ha un nome sinistro.

You see: _____ nome sinistro ha sua moglie!

You write: *Che*

1. _____ era cattiva la cena.

2. _____ era cattivo anche Cornelio.

3. _____ strani i suoi discorsi!

4. _____ mi fa paura il nome di sua moglie!

5. Avete ragione bambini, _____ famiglia strana!

Sostituire persone e cose

■ III. *Pronomi tonici*

Signora, me lo dice lei? The doctor's children are asking Crudelia many questions. Complete her replies with the correct **pronome tonico.** You will then hear the correct sentence.

CD 2
Track 37

ESEMPIO   You hear: Chi abita sopra di voi?

You see: Sopra di _____ non c'è nessuno.

You write: *noi*

You hear: Sopra di noi non c'è nessuno.

1. Sì, lavoro con _____.

2. Sì, lavoriamo presso di _____.

3. Sì, un giorno potete venire da _____, nei nostri studi.

4. Sì, è per _____ questa fetta di torta.

5. Sì, è vero che l'ha preparata da _____.

6. Secondo _____ no, ma non si sa mai…

PER COMUNICARE

**CD 2
Track 38**

A. Dettato. After dinner, the guests suggest that the adults go to see the new Roberto Benigni film. Listen to their remarks, which will be repeated twice, and write them out in full.

1. _____

2. _____

3. _____

4. _____

**CD 2
Track 39**

B. Fantastico! Everyone is commenting on the film as they exit the theatre. Listen to each statement, then select the appropriate reply from the list of comments that you have written out in exercise A above.

1. _____

2. _____

3. _____

4. _____

🌐 CANTIAMO! | Negramaro – *Mentre tutto scorre*

«Mentre tutto scorre» è cantata dai Negramaro, un gruppo rock italiano nato nel 1999. Il nome di questo gruppo deriva dal vitigno *(wine grape)* «Negroamaro», che è coltivato quasi esclusivamente nel Salento, in Puglia, la terra d'origine dei membri del gruppo. I componenti sono sei, e il cantante leader è Giuliano Sangiorgi, che è anche l'autore dei testi e delle musiche del gruppo. Questa canzone fa parte dell'album del 2005 che porta lo stesso titolo, ed anche della colonna sonora del film italiano *La febbre*. Per ascoltare «Mentre tutto scorre», vai al sito web **www.cengage.com/login.**

A. Prima dell'ascolto. Before listening to the song, respond to the following briefly in Italian.

1. Il verbo «scorrere» significa «passare, andare avanti». Secondo te, a che cosa si riferisce il titolo di questa canzone?

_____

2. Considera il titolo e il vocabolario dell'esercizio B. Quale sarà, secondo te, il tono della canzone? Quali emozioni saranno espresse?

_____

B. Vocabolario. After listening to the song, match the words or phrases with their English translations.

_____ 1. straziami   a. *wax*

_____ 2. strappami l'anima   b. *shoot at me*

_____ 3. buffe   c. *minefield*

_____ 4. pesa   d. *tear me apart*

_____ 5. cera   e. *target missed*

_____ 6. si scioglierà   f. *funny*

_____ 7. sparami addosso   g. *crime*

_____ 8. bersaglio mancato   h. *throw*

_____ 9. campo minato   i. *it will melt*

_____ 10. reato   j. *rip out my soul*

_____ 11. scagli   k. *weighs*

C. Comprensione. After listening to the song, reply to the following questions in Italian.

1. In questa canzone, molti verbi sono alla forma imperativa. Scrivine cinque.

_____

2. All'inizio della canzone, il cantante chiede all'altra persona di parlare. In che modo?

_____

3. Secondo il cantante, l'altra persona vuole che lui sia _____.

4. Di che cosa riesce sempre a convincersi il cantante?

_____

5. Come vuole essere trattato il cantante dall'altra persona?

_____

D. Interpretazione. Listen to the song again and then reply to the following questions in Italian.

1. Che cosa pensa il cantante dell'altra persona? Giustifica la tua risposta con parole della canzone.

   _____

   _____

2. Secondo il cantante, chi deve scagliare la prima pietra e perché? Secondo te, questa frase è usata in modo sarcastico? Perché?

   _____

   _____

E. Cultura. Reply briefly in Italian.

Il cantante definisce l'altra persona «un verde coniglio». Questa non è una tipica espressione italiana, e molti fan di Negramaro si chiedono il suo significato. Prese separatamente, queste due parole hanno un significato simbolico. «Coniglio» *(rabbit)* è usato anche per indicare una persona molto paurosa. «Verde», come in inglese, si associa all'invidia. Qual è la tua interpretazione di questa frase? Spiega.

   _____

   _____

   _____

F. E tu? Reply briefly in Italian.

1. Secondo te, è finito bene questo rapporto? Perché?

   _____

   _____

2. E tu, ti sei mai sentito/a come il cantante? In quale occasione?

   _____

   _____

3. Hai mai conosciuto una persona con mille facce *(two-faced)*? Spiega.

   _____

Se gli esami andassero sempre bene!

PAROLE ED ESPRESSIONI NUOVE

Al bar. Listen as several university students chat over coffee. Then choose the words or phrases that best describe each student's comments.

**CD 3
Track 2**

1. a. le esercitazioni

   b. la borsa di studio

   c. gli appunti

2. a. la facoltà

   b. la tesina

   c. la media

3. a. la linguistica

   b. la tesi

   c. il piano di studi

4. a. l'istituto

   b. la prova d'ammissione

   c. le tasse universitarie

5. a. prendere 30 e lode

   b. prendere 18

   c. frequentare

STRUTTURA

(Parlare di situazioni reali o ipotetiche)

■ **I. Periodo ipotetico con** *se*

**CD 3
Track 3**

A. Reale, possibile o impossibile? You will hear a series of hypothetical statements made by students and teachers. Listen to each sentence, then indicate whether the situation described is real / probable, possible / imaginary, or impossible / contrary-to-fact.

ESEMPI   You hear: Se studio, supero l'esame.

   You check: *real / probable*

   You hear: Se studiassi, supereresti l'esame.

   You check: *possible / imaginary*

182

	real / probable	possible / imaginary	impossible / contrary-to-fact
1			
2			
3			
4			
5			
6			
7			
8			
9			
10			

**CD 3
Track 4**

B. Uno studente un po' confuso… As you look at each of Alberto's incomplete statements about the things that he would like to do, you will hear the infinitive form of a verb. Write the correct form of the verb in the blank to complete the hypothetical sentence. You will then hear the full sentence.

ESEMPIO   You see: Se _____ ricco, prenderei il taxi tutti i giorni!
           You hear: essere
           You write: *fossi*
           You hear: Se fossi ricco, prenderei il taxi tutti i giorni!

1. Se io _____ più vicino all'università, potrei andarci in bicicletta.

2. Se tutti _____ le biciclette, ci sarebbe meno traffico.

3. Se io _____ in bicicletta, risparmierei sulla benzina.

4. Se _____ più soldi, potrei avere più risparmi.

5. In futuro, se _____, risparmierò.

6. Se ci _____ prima, l'avrei fatto già da tempo.

7. Se _____ più risparmi, potrei comprare una macchina.

8. Ma se io _____ già la macchina, non ho bisogno di risparmiare!

9. E voi, cosa fareste se _____ più soldi?

Dare un suggerimento. Esprimere un dubbio

II. *Altri usi di* se

**CD 3
Track 5**

E Veronica? What are Veronica's thoughts about art history class? Listen to her comments, each of which will be repeated twice, then complete her sentences below.

1. Vorrei sapere se _____

2. Studierei più volentieri se _____

3. Non so se _____

4. Mi domando se _____

5. Se almeno avessi _____

Modificare il senso della frase

III. *Avverbi*

**CD 3
Track 6**

Uno l'opposto dell'altra! Renzo and Sara are comparing their morning routines. They have discovered that they are opposites! After you hear each of Renzo's statements, complete Sara's reply by writing in the adverb with the opposite meaning.

ESEMPIO   You hear: A casa, dormo molto bene.

                     You see: A casa, dormo molto _____.

                 You write: *male*

1. Solitamente, la mattina mi alzo _____.

2. Faccio colazione _____.

3. Mi piace mangiare _____ per colazione.

4. _____ sono in ritardo.

5. Non arrivo _____ in orario a lezione.

Fare paragoni

IV. *Comparativi*

**CD 3
Track 7**

È più interessante il mio corso del tuo! Paola, who is talking to her mother, is comparing her experiences in an art history class with those of her friend Lina, who has chosen to study anatomy. Listen to her statements, which you will hear twice, then circle the correct response to each question below.

Secondo Paola…

1. A chi piace studiare di più?	A Lina	A Paola	Né all'una né all'altra
2. Qual è il corso più interessante?	Storia dell'arte	Anatomia	Né l'uno né l'altro

3. Il corso di Paola è più pratico che teorico.	Vero	Falso	Non si sa
4. Il corso più impegnativo è…	Storia dell'arte	Anatomia	Né l'uno né l'altro
5. Chi deve memorizzare meno termini?	Lina	Paola	Né l'una né l'altra
6. Chi deve fare meno ricerche in biblioteca?	Lina	Paola	Né l'una né l'altra
7. Chi vede le immagini più belle?	Lina	Paola	Né l'una né l'altra

V. *Superlativi*

CD 3
Track 8

Moltissimo! Giovanni is very emphatic when speaking about his university life. After you hear his statements, express his comments by writing the absolute superlative in the blank. You will hear each statement twice.

ESEMPIO You hear: È il corso più importante nel mio piano di studi.

You write: *È importantissimo!*

1. _____

2. _____

3. _____

4. _____

5. _____

VI. *Comparativi e superlativi irregolari*

CD 3
Track 9

Meglio, migliore, ottimo! Patrizia is chatting with a new classmate. Complete her statements by choosing the correct word or phrase.

1. a. ottimo

   b. pessimo

   c. minimo

2. a. superiore

   b. maggiore

   c. minore

3. a. Infimo

   b. Supremo

   c. Massimo

4. a. maggiore

 b. superiore

 c. inferiore

5. a. meglio

 b. migliore

 c. peggio

PER COMUNICARE

CD 3
Track 10

A. Che cosa si risponde? Listen to the following exchanges between Giovanna and a classmate. Indicate in each case whether the response to Giovanna's question is logical or illogical. Each exchange will be repeated twice.

ESEMPIO   You hear: — Hai preso appunti oggi a lezione?

 — Se il prossimo che esce è bocciato, mi ritiro.

 You check: *Non logica*

Logica	Non logica
1. ____	____
2. ____	____
3. ____	____
4. ____	____
5. ____	____

CD 3
Track 11

B. Che cosa diresti tu? Listen again to the exchanges between Giovanna and her classmate. Then, write the reply you would have given for each illogical response.

1. _____

2. _____

3. _____

4. _____

5. _____

🌐 **CANTIAMO!** | **Andrea Bocelli –**
Il mare calmo della sera

Nato in Toscana nel 1958, il tenore Andrea Bocelli è uno dei più famosi cantanti italiani nel mondo. A seguito di un incidente di calcio all'età di dodici anni, Bocelli è diventato cieco. Nonostante questo, ha completato gli studi ed è diventato avvocato. Ma la sua vera passione, fin da bambino, è stata la musica, a cui ha scelto di dedicarsi per la vita. Il suo repertorio è molto vario ed include opera lirica, musica classica e musica pop. Nel 1994 Bocelli ha vinto nella categoria «Nuove Proposte» del Festival di Sanremo con la canzone «Il mare calmo della sera», che è anche il titolo del suo primo album. Questa canzone non è solo bella, ma è anche un buon ripasso del periodo ipotetico! Per ascoltarla, vai al sito web **www.cengage.com/login.**

A. Prima dell'ascolto. Before listening to the song, respond to the following briefly in Italian.

1. Conosci qualche canzone di Andrea Bocelli? Se sì, quale? Se no, sei incuriosito/a? Spiega.

   _____

2. Dei tre generi (opera, musica classica e musica pop) del suo repertorio, qual è il tuo preferito? Perché?

   _____

3. Conosci un altro / un'altra cantante che si è dedicato/a a generi diversi? Spiega.

   _____

B. Vocabolario. After listening to the song, complete the following sentences with the correct words or phrases.

1. Alla notizia triste, Roberto è scoppiato in un grande (pianto / riso).

2. Il suo sentimento cambiò, quindi (mutò / restò uguale).

3. Al mattino, mi piace vedere il (piovere / sorgere) del sole.

4. Questo film mi fa sempre diventare triste, quindi mi (rende / chiede) infelice.

5. I filosofi greci erano molto (saggi / italiani).

6. Un altro verbo per «sentire» è (mangiare / udire).

7. Quando mi guardo allo specchio vedo la mia (immagine / pizza).

C. Comprensione. After listening to the song, reply to the following questions in Italian.

1. Il cantante, che cosa non sa «cosa sia»? _____

2. Che cosa è dolce? _____

3. Come potrebbe trovarli il sorgere del sole? _____

4. Che cosa rende stupidi i saggi? _____

5. Che cosa dev'essere l'altra persona dentro l'anima? _____

6. Che cosa potrebbe udire il cantante nel silenzio? _____

7. Che cosa portò al cantante l'immagine dell'altra persona? _____

D. Interpretazione. Listen to the song again and then reply to the following question in Italian.

1. Secondo il cantante, l'amore «ama le cose che non ha». Considera questa affermazione nel contesto della canzone. Che cosa ci suggerisce del rapporto tra lui e l'altra persona?

_____

_____

_____

E. Cultura. Reply briefly in Italian.

Come la maggior parte delle canzoni italiane, anche questa è una canzone d'amore. Questo tema è così predominante anche nella musica del tuo paese? Perché? Noti somiglianze e differenze?

_____

_____

_____

F. E tu? Reply briefly in Italian.

1. Se il tuo ragazzo / la tua ragazza fosse dentro la tua anima, che cosa sarebbe? Musica, come per il cantante? O un'altra cosa? Perché?

_____

_____

2. Nel silenzio, il cantante sente il mare. E tu, che cosa senti di solito nel silenzio? Come ti fa sentire?

_____

_____

3. Ti piace questa canzone? Perché? Che cosa pensi di Bocelli come cantante?

_____

_____

_____

Donne e lavoro

PAROLE ED ESPRESSIONI NUOVE

**CD 3
Track 12**

A. Le donne al lavoro. You will hear a series of definitions of terms related to working women. After each definition, write the corresponding word or expression from the list below. Be careful, there is an extra entry in the list!

argomento   maternità

prendersi cura   potersi permettere

parto   casalinga

asilo nido

1. _____
2. _____
3. _____
4. _____
5. _____
6. _____

**CD 3
Track 13**

B. A casa in maternità. Miriam, a research scientist, is hearing about maternity leave options from a Human Resources manager. Listen to the manager's explanation, which you will hear twice, then mark each of the statements below as **vero, falso,** or **non si sa.**

Vero   **Falso**   **Non si sa**

_____   _____   _____   1. Miriam può prendere cinque mesi di congedo.

_____   _____   _____   2. Può prendere i cinque mesi tutti insieme, prima o dopo il parto.

_____   _____   _____   3. Miriam è la persona che deve decidere.

_____   _____   _____   4. Secondo l'impiegato, Miriam deve parlare con sua madre.

_____   _____   _____   5. L'impiegato prepara i documenti al computer.

STRUTTURA

I modi indefiniti del verbo e il verbo in funzione di sostantivo

I. *Infinito*

**CD 3
Track 14**

A. I consigli del dottore. Rosa is speaking to a doctor about her teenage daughter, who has not been feeling well at school. Listen to the doctor's questions, then express his advice with the infinitive form of the verb, following the model below. You will hear each question twice.

189

ESEMPIO   You hear: Prende le vitamine?

You see: È raccomandato _____ le vitamine.

You write: *prendere*

1. È bene _____ in piscina due volte alla settimana.

2. È meglio _____ frutta e verdura ogni giorno.

3. _____ fa male.

4. Può essere pericoloso _____ medicine senza il mio consiglio.

5. È consigliato _____ almeno otto ore per notte.

6. È importante _____ se sua figlia sta male anche nel weekend!

**CD 3
Track 15**

B. Programmi per il prossimo futuro. Giancarlo has heard his mother's advice so often that he can finish her sentences. You will hear his mother begin a sentence. Help Giancarlo to complete it by choosing the reply that begins with the correct preposition.

ESEMPIO   You hear: Deve stare attento...

You see: a. a non mangiare troppo.

b. di non mangiare troppo.

You choose: *a. a non mangiare troppo.*

1. a. a tenere in ordine tu la tua camera.

   b. per tenere in ordine tu la tua camera.

2. a. per studiare di più.

   b. a studiare di più.

3. a. da perdere.

   b. a perdere.

4. a. per addormentarti a scuola.

   b. di addormentarti a scuola.

5. a. per dormire fino a tardi.

   b. di dormire fino a tardi.

6. a. da farlo.

   b. a farlo.

7. a. di alzarvi presto la domenica!

   b. con alzarvi presto la domenica!

8. a. di chiamarti ogni cinque minuti.

   b. per chiamarti ogni cinque minuti.

Forme implicite del verbo

■ II. *Gerundio*

A. Mi annoio un po'... Miriam receives a phone call from her husband Mario, who is temporarily working at home. Listen to their conversation, then identify the **forma progressiva** in Miriam's reply, which you will hear twice, and write it below.

ESEMPI You hear: Cosa fai adesso, Miriam?

  You hear: Sto parlando al telefono.

  You write: *Sto parlando*

  You hear: E prima, dov'eri?

  You hear: Prima stavo pranzando con un cliente.

  You write: *stavo pranzando*

1. _____

2. _____

3. _____

4. _____

5. _____

6. _____

7. _____

8. _____

9. _____

10. _____

B. Pensi che concluderanno l'affare? Miriam and a colleague are discussing a new client that has been meeting with their boss. Express the two sentences you hear as one, using a gerund as in the model.

ESEMPIO You hear: Devono parlare. Vanno al bar.

  You see: _____, vanno al bar.

  You write: *Dovendo parlare*

1. _____ al bar da soli, parlano di lavoro.

2. _____ un caffè, discutono del possibile contratto.

3. _____, prende appunti.

4. _____, consulta alcuni dati.

5. _____ spesso recentemente. Pensi che concluderanno l'affare?

■ III. *Participio*

CD 3
Track 18

Al lavoro. Miriam listens to her colleague's conversations while she works in the lab. Express the statements you hear using a past participle, as in the model below. You will then hear the correct sentence.

ESEMPIO   You hear: Avendo concluso il progetto, sono andati a festeggiare.

You see: _____ il progetto, sono andati a festeggiare.

You write: *Concluso*

You hear: Concluso il progetto, sono andati a festeggiare.

1. _____ i campioni, abbiamo iniziato l'esperimento.

2. _____ questa ricerca, ne abbiamo iniziata un'altra.

3. _____ il risultato, ci siamo complimentate!

4. Le istruzioni _____ per la miscela erano sbagliate.

5. _____ la nuova impiegata, abbiamo capito perché è stata assunta.

6. _____ la riunione, sapremo come comportarci.

 PER COMUNICARE

CD 3
Track 19

A. Parliamo... Miriam and her husband are talking about their relationship. Their conversation includes the following useful expressions, each of which you will hear twice. Write them on the lines below.

1. _____

2. _____

3. _____

4. _____

CD 3
Track 20

B. Sempre le solite discussioni... Miriam has had her baby and is now back at work. Her husband is telling her about how he feels. Complete their conversation by choosing the correct expressions from the list below.

Non fa differenza.   Ti voglio bene anche io, amore.

Va bene, fai come credi.   Non potrebbe andare meglio!

1. MIRIAM: _____

2. MARIO: _____

3. MARIO: _____

4. MIRIAM: _____

Nome _____ Data _____ Classe _____

🌐 CANTIAMO! | Edoardo Bennato – *Viva la mamma*

Edoardo Bennato è un cantante napoletano che ha cominciato la sua carriera all'inizio degli anni Sessanta. La figura materna è sempre stata fondamentale nella sua vita. Fu infatti sua madre che lo incoraggiò ad imparare a suonare. Bennato suona vari strumenti, dall'armonica alla chitarra, e dai tamburelli al kazoo. La sua musica è stata influenzata principalmente da quella di Bob Dylan e dal rock e dal pop americani, ma anche da quella napoletana. La canzone *Viva la mamma* fa parte del suo album del 1989 *Abbi dubbi*, dedicato ai ricordi e ai valori persi del passato. Per ascoltarla, vai al sito web **www.cengage.com/login.**

A. Prima dell'ascolto. Before listening to the song, respond to the following briefly in Italian.

1. Considera il titolo *Viva* (Hurrah) *la mamma*. Secondo te, che tipo di rapporto ha il cantante con la madre?

   _____

2. Considerando l'album di cui fa parte questa canzone, di che cosa si parlerà, secondo te?

   _____

   _____

B. Vocabolario. After listening to the song, fill in the missing words using the list below.

folla
affezionata
sorridenti
pettinate
indaffarata
sveglia

1. Quando mi devo alzare presto alla mattina metto la _____.

2. Non mi piace quando c'è troppa gente. La _____ mi fa paura.

3. Quelle ragazze hanno tutte le trecce (*braids*) e quindi sono _____ allo stesso modo.

4. Mia sorella è molto _____ al nostro cane e lo porta sempre in giro lei.

5. Quelle signorine sono così allegre e _____! Che bei denti che hanno!

6. La mia mamma ha molto da fare. È sempre _____.

C. Comprensione. After listening to the song, reply to the following questions in Italian.

1. Dove vanno le persone tutte le sere?

   _____

2. Che cosa sostituisce ai giochi il cantante?

   _____

3. Com'è la gonna della mamma? Di che epoca è?

   _____

4. Come sono pettinate le ragazze del dopoguerra?

   _____

5. Scrivi due aggettivi che descrivono la favola di quegli anni.

   _____

6. Cosa ballano gli angeli?

   _____

7. Quali ricordi sono associati alla sveglia che suona?

   _____

8. Che cosa non ha mai imparato il cantante?

   _____

D. Interpretazione. Listen to the song again and then reply to the following questions in Italian.

1. Secondo te, a che cosa si riferisce il «sogno» che diventa a colori all'inizio della canzone?

   _____

2. Chi è che non è gelosa della mamma del cantante? E perché?

   _____

   _____

3. Quali pensi che siano i sentimenti del cantante riguardo al passato?

   _____

E. Cultura. Reply briefly in Italian.

Hai mai sentito l'espressione italiana «Viva!» (o «Evviva!»)? È un'espressione che gli Italiani usano spesso per esprimere entusiasmo e approvazione. Si può anche scrivere «W»! Scrivi tre esclamazioni di gioia usando questa parola.

1. _____

2. _____

3. _____

F. E tu? Reply briefly in Italian.

1. Hai nostalgia di un periodo particolare della tua vita? Spiega.

   _____

   _____

2. Scrivi il ritornello *(refrain)* di una canzone (quattro versi), iniziandolo con «Viva»...

   _____

   _____

   _____

   _____

13

Capitolo

La salute e lo sport

**CD 3
Track 21**

PAROLE ED ESPRESSIONI NUOVE

A. La salute! Listen to each statement about health and medical care, then supply the missing word(s). Each statement will be read twice.

1. Da quando faccio una _____ tutti i giorni la mia

   _____ è migliorata.

2. È un infermiere molto _____. La sua presenza mi

   _____.

3. Un _____ non è certo il posto ideale per fare

   _____!

**CD 3
Track 22**

B. Al pronto soccorso. Listen to patients' comments in an emergency room, then indicate what will probably happen to them next by selecting the appropriate statement below.

1. a. Gli metteranno un'ingessatura.
   b. Gli daranno le stampelle.

2. a. Sarà visitato da un pediatra.
   b. Lo porteranno in palestra.

3. a. Gli faranno mantenere la linea.
   b. Gli faranno una radiografia.

4. a. La faranno pagare.
   b. Non pagherà niente.

5. a. Il dottore le dirà di stare a dieta e di mantenere la linea.
   b. Il dottore le dirà di ammalarsi.

6. a. Andrà in un rifugio.
   b. Andrà in una clinica.

STRUTTURA

Parlare di relazioni causali

I. *Fare* + infinito

**CD 3
Track 23**

Povero Enrico! Enrico, who has a broken hand, is telling a friend about what he can and cannot do. Listen to his statements, then identify which person does each activity for him, or if Enrico can do it by himself. You will hear his statements twice.

	Enrico	sua madre	sua moglie	sua figlia	il barbiere
1. mettere i pantaloni					
2. mettere la camicia					
3. preparare da mangiare					
4. mangiare					
5. pettinare					
6. radere					
7. scrivere					
8. guidare					
9. compagnia					
10. suonare il piano					

Permettere a qualcuno di fare qualcosa

■ II. *Lasciare* + infinito

CD 3
Track 24

Sto male! The parents in the Neri family are both sick with the flu. You will hear a neighbor's comments about what has been going on in their home. Listen to her remarks, which you will hear twice, then answer the questions below.

1. Chi dorme fino a mezzogiorno? _____

2. Dove va Francesca? _____

3. Chi esce da sola/o? _____

4. Cosa fa Alessandro? _____

5. Chi vede la televisione? _____

6. Chi accompagna il cane quando esce? _____

7. Che cosa vogliono i genitori? _____

■ III. *Verbi di percezione + infinito*

CD 3
Track 25

In farmacia. Antonio is chatting on his cell phone as he waits in line at the pharmacy. You will hear him describing what is going on around him. Express his statements using the verb of perception followed by the appropriate verb in the infinitive form. You will hear each statement twice.

ESEMPIO   You hear: Vedo un cane che entra.

You see: _____ un cane.

You write: *Vedo entrare*

1. _____ un bambino.

2. _____ molti clienti.

3. Tutti _____ un uomo.

4. _____ il farmacista _____ consigli.

5. _____ il temporale!

Parlare di persone, cose o eventi in successione

■ IV. *Numeri ordinali*

CD 3
Track 26

Ma cosa succede oggi? Giorgio, who works in the emergency room, is telling a co-worker about his busy day. Listen carefully for the ordinal numbers he uses in referring to each patient, and then write the number in the blank with the appropriate superscript.

ESEMPIO   You hear: La ragazza che sto per visitare è la trentaduesima della giornata.

You see: La ragazza

You write: *32ª*

1. Il ragazzo _____

2. L'uomo _____

3. La bambina _____

4. La ragazzina _____

5. Il caso della donna _____

Relazioni di una parola con un'altra

■ V. *Preposizioni*

All'ospedale. Read the comments of several hospital patients below. You will hear a choice of two phrases twice. Choose the one that correctly completes the sentence and write it in the blank. You will then hear the correct sentence in full.

ESEMPIO   You hear: Sono contento di / Mi congratulo con

You see: _____ come mi hanno curato.

You write: *Sono contento di*

You hear: Sono contento di come mi hanno curato.

1. _____ tutti, questi dottori.

2. _____ quanti casi urgenti ci sono, ma dovrebbero visitarmi presto.

3. Non posso _____ vedere il dottore!

4. Quel bambino è venuto dal dottore perché dice di _____ cuore.

5. Infatti, ha detto che è _____ una bambina che non lo ama!

PER COMUNICARE

A. Che cosa si risponde? Listen as hospital employees greet one another as they pass in the halls. Indicate in each case whether the second speaker's response is logical or illogical. Each exchange will be repeated twice.

ESEMPIO   You hear: — Mi saluti la signora.
            — Si tira avanti.

You check: *Non logica*

	Logica	Non logica
1.	_____	_____
2.	_____	_____
3.	_____	_____
4.	_____	_____
5.	_____	_____

B. Che cosa diresti tu? Listen again to the hospital employees' greetings and responses. Now, write the reply you would have given for each illogical response.

1. _____
2. _____
3. _____
4. _____
5. _____

🌐 **CANTIAMO!** | **Edoardo Bennato e Gianna Nannini – *Un'estate italiana***

Un'estate italiana è anche conosciuta come *Notti magiche,* il primo verso del suo ritornello. La canzone è stata composta in occasione dei campionati mondiali di calcio *(World Cup)* del 1990, che hanno avuto luogo in Italia. In questi Mondiali l'Italia si è classificata terza. È stata cantata da Edoardo Bennato e Gianna Nannini alla cerimonia di apertura dei Mondiali, ed ha avuto immediatamente un enorme successo. Questa canzone esprime l'entusiasmo dei tifosi *(fans)* per l'avventura e il loro sogno di vincere. Per ascoltarla, vai al sito web **www.cengage.com/login.**

A. Prima dell'ascolto. Before listening to the song, respond to the following briefly in Italian.

1. Segui il calcio o qualche altro sport? Quale? Perché?

   _____

   _____

2. Conosci qualche altra canzone che viene comunemente associata ad uno sport o ad un evento sportivo? Quale?

   _____

3. Quali saranno i sentimenti espressi in questa canzone?

   _____

   _____

B. Vocabolario. After listening to the song, match the following vocabulary words to their definitions.

_____ 1. regole	a. *merry-go-round*
_____ 2. gola	b. *carries you away*
_____ 3. giostra	c. *rules*
_____ 4. brivido	d. *following*
_____ 5. trascina via	e. *locker rooms*
_____ 6. inseguendo	f. *shiver*
_____ 7. spogliatoi	g. *throat*

C. Comprensione. After listening to the song, reply to the following questions in Italian.

1. Che cosa, forse, non cambierà una canzone?

_____

2. Come vuole vivere quest'avventura la persona che canta?

_____

3. Che cosa accarezza il vento?

_____

4. Che cosa si insegue in quelle notti magiche?

_____

5. Che cosa c'è negli occhi?

_____

6. Che cosa non è una favola?

_____

D. Interpretazione. Listen to the song again and then reply to the following questions in Italian.

1. Secondo te, qual è il sogno di cui si parla nella canzone? E dove conduce *(lead)*?

_____

_____

2. Perché la canzone dice che i tifosi sono i giocatori che escono dagli spogliatoi?

_____

_____

E. Cultura. Reply briefly in Italian.

Il calcio è lo sport più seguito in Italia. Sei mai andato/a ad una partita di calcio? Se no, hai mai assistito ad una partita o ad un incontro di qualche altro sport? Come ti sentivi? Descrivi l'esperienza.

_____

_____

_____

_____

F. E tu? Reply briefly in Italian.

1. Ti è piaciuta questa canzone? Perché?

_____

_____

2. Secondo te, questa canzone trasmette bene le emozioni dei tifosi per la propria squadra? Spiega.

_____

_____

Tesori d'arte dappertutto!

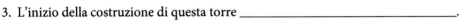

PAROLE ED ESPRESSIONI NUOVE

CD 3
Track 30

A. Turisti! Listen to the remarks made by tourists in Italy and supply the missing word(s). You will hear each statement twice.

1. Andiamo a vedere il Duomo di Milano. È una bellissima _____.

2. Questo borgo è stato distrutto dal _____.

3. L'inizio della costruzione di questa torre _____.

CD 3
Track 31

B. In pullman. The guide on a tour bus is showing the city's monuments to her passengers. Listen to each statement, then choose the response that is most consistent with its content.

1. I turisti dovranno...
   a. camminare poco.
   b. camminare molto.

2. Le mura sono...
   a. andate in rovina.
   b. state costruite recentemente.

3. L'anfiteatro...
   a. è stato distrutto recentemente.
   b. ha quasi duemila anni.

4. Per salire in cima, i turisti...
   a. useranno le scale.
   b. prenderanno l'ascensore.

5. La signora vuole fermarsi perché...
   a. si sente distrutta.
   b. vuole vedere le rovine.

STRUTTURA

(Il soggetto subisce l'azione)

■ I. *Forma passiva*

CD 3
Track 32

Chi...? Giuseppe, a tour guide in Italy, answers many questions. Listen to the questions he is asked, then supply his response using the passive form, as in the model. You will then hear his reply in full.

ESEMPI You hear: Chi paga i biglietti del museo?

You see: (noi)

You say: *I biglietti del museo sono pagati da noi.*

You hear: I biglietti del museo sono pagati da noi.

You hear: Chi ha progettato il Teatro alla Scala?

You see: (Piermarini)

You say: *Il Teatro alla Scala è stato progettato da Piermarini.*

You hear: Il Teatro alla Scala è stato progettato da Piermarini.

1. (i turisti)
2. (Leonardo)
3. (i Romani)
4. (una donna francese)
5. (Michelangelo)
6. (i Bizantini)

> ## Esprimere un'azione in termini generali

▪ II. Si *passivante*

🔊

CD 3
Track 33

Ancora domande! The tourists are continuing to ask Giuseppe questions. You will hear their questions twice. Complete Giuseppe's replies, on the next page, using the *si* **passivante** as in the examples below.

ESEMPI You hear: La gente mangia i tortellini in Italia?

You see: Sì, _____ i tortellini!

You write: *si mangiano*

You hear: Le persone mangiano sempre la pasta per cena?

You see: No, _____ sempre la pasta per cena.

You write: *non si mangia*

1. Sì, _____ dei vestiti firmati.
2. Sì, _____ spesso i musei.
3. No, _____ una Ferrari generalmente.
4. Sì, _____ molte lettere al computer.
5. Sì, _____ l'inglese.
6. Sì, _____ la pizza in casa.
7. No, _____ sempre il vino a pranzo.

III. Si *impersonale*

**CD 3
Track 34**

In gita scolastica. A group of students from the **liceo classico** is going on a field trip in Milan. Listen to their teacher explaining the itinerary, then complete the schedule below with the correct information.

Ci si alza alle _____

_____

Si parte intorno alle _____

_____

Prima di tutto, si va a vedere _____

_____

Dopo pranzo si può _____

_____

Nel pomeriggio si va _____

_____

Si ritorna _____

_____

> **Mettere in relazione parole o frasi fra di loro**

IV. *Preposizioni e congiunzioni*

**CD 3
Track 35**

Una gita turistica. You will hear a series of questions. For each question, identify the correct reply from the list below and write the letter of the reply in the blank.

ESEMPIO   You hear: Come avreste fatto senza la guida?

You select: *Non lo so, penso che ci saremmo persi senza di lui!*

a. Fino al 26 aprile.
b. Te ne ho già fatte tante senza che te ne accorgessi!
c. Ho paura che siamo rimasti senza benzina!
d. Dall'inizio del mese.
e. No, salgo prima di te.
f. Finché non chiude, direi.

1. _____   4. _____

2. _____   5. _____

3. _____   6. _____

■ V. *Discorso diretto e indiretto*

Che cosa dice? Lisa, who is on a tour bus, is telling her friend about the things that she has overheard. After you hear her report what others have said, identify the original statement. You will hear Lisa's remarks twice. You will then hear the correct reply.

**CD 3
Track 36**

ESEMPIO   You hear: L'autista dice che siamo turiste bellissime!

You see: Cosa dice l'autista?

          a. «Siete turiste bellisssime.»
          b. «Sono turiste bellissime.»

You circle: *a. «Siete turiste bellissime.»*

You hear: Siete turiste bellissime.

1. Che cosa dice la signora americana?
   a. «Sono in Italia da una settimana.»
   b. «Ero in Italia da una settimana.»

2. Che cosa diceva quel signore polacco?
   a. «Mia moglie fa bellissime foto.»
   b. «Mia moglie aveva fatto bellissime foto.»

3. Che cosa annunciò il direttore del museo?
   a. «Compriamo un nuovo quadro!»
   b. «Abbiamo comprato un nuovo quadro!»

4. Che cosa hanno chiesto la settimana scorsa?
   a. «Chi partirà per Firenze?»
   b. «Chi è partito per Firenze?»

5. Che cosa ha detto l'autista?
   a. «Tornavate al pullman per le cinque.»
   b. «Tornate al pullman per le cinque!»

6. Che cosa hai risposto?
   a. «Il museo chiude alle sette.»
   b. «Il museo ha chiuso alle sette.»

PER COMUNICARE

A. Che delusione! You will hear several comments made by chatty tourists. Complete the sentences, which you will hear twice, by writing in the missing word(s).

**CD 3
Track 37**

1. _____ era partito presto.

2. Perché non ti piace? _____ brutto.

3. Il museo è chiuso. _____!

4. Che fila lunga! _____ aspettare.

CD 3
Track 38

B. Che noia! Complete the exchanges you hear by selecting the best response from the list below and writing its letter in the blank. You will hear each statement twice. Be careful, there is an extra item in the list.

a. Che noia! Sarebbe stato meglio se fossimo andati al circo!

b. Sei un eterno insoddisfatto.

c. Meglio di niente! Ci divertiremo lo stesso.

d. Non lo so! Sai, corre voce che vogliano chiuderla al pubblico.

e. Ho sentito dire che stanno organizzando un viaggio a Pompei.

1. _____

2. _____

3. _____

4. _____

 CANTIAMO! | Luciano Pavarotti – *Nessun dorma*

L'opera italiana è rinomata in tutto il mondo. L'aria seguente è tratta dalla *Turandot* del compositore Giacomo Puccini, che alla sua morte, avvenuta nel 1924, ha lasciato l'opera incompiuta. Quest'aria per tenore è una delle più conosciute ed è cantata da Calaf che vuole conquistare l'amore della fredda principessa Turandot. Questa versione è cantata dal celebre tenore Luciano Pavarotti il quale si è spento *(passed away)* nel 2007, dopo una lunga carriera, a Modena, sua città natale. Per ascoltare quest'aria, vai al sito web **www.cengage.com/login.**

A. Prima dell'ascolto. Before listening to the song, respond to the following briefly in Italian.

1. Ti piace l'opera? Perché?

_____

_____

2. Hai mai visto un'opera? Quali sono state le tue reazioni?

_____

_____

3. Hai mai sentito cantare Luciano Pavarotti? Quali altri tenori conosci? Chi è il tuo tenore preferito? Perché?

_____

_____

B. Vocabolario. After listening to the song, match the following vocabulary words to their definitions.

_____ 1. pure   a. il momento che precede l'apparizione del sole

_____ 2. dilegua   b. sparite sotto l'orizzonte

_____ 3. tramontate   c. anche, inoltre

_____ 4. alba   d. sparisci

C. Comprensione. Reply to the following questions in Italian.

1. All'inizio dell'aria, Calaf dà un comando. Quale?

   _____

2. Dov'è la principessa?

   _____

3. Che cosa fa la principessa?

   _____

4. Cosa dirà Calaf sulla bocca della principessa?

   _____

5. Che momento del giorno è?

   _____

6. Che cosa aspetta Calaf?

   _____

D. Interpretazione. Listen to the song again and then reply to the following questions in Italian.

1. Turandot non accetta l'idea di sposare Calaf. Calaf le offre un'opportunità: se lei indovinerà il suo nome prima dell'alba, Calaf morirà. Se non riuscirà a indovinarlo, la principessa dovrà sposarlo. In quest'aria, Calaf parla di un «suo mistero»: qual è questo mistero?

   _____

2. Secondo te, Calaf pensa di vincere o ha dei dubbi? Spiega.

   _____

   _____

E. Cultura. Reply briefly in Italian.

1. Tra i numerosi tesori artistici e culturali per cui è conosciuta l'Italia, l'opera è tra i più importanti. Anche il tuo paese è conosciuto per un particolare stile di musica? Quale? Ti piace? Spiega.

   _____

   _____

   _____

2. Il nome completo di Puccini era Giacomo Antonio Domenico Michele Secondo Maria Puccini! Una volta era comune avere molti nomi, ma oggi in Italia generalmente si hanno solo uno o due nomi oltre al cognome. È così anche nella tua famiglia? Quanti nomi hai tu?

_____

_____

F. E tu? Reply briefly in Italian.

1. Se non ti volessi sposare con una persona, che cosa faresti?

_____

_____

2. Se fossi un principe o una principessa, con quale prova sfideresti *(would you challenge)* la persona che ti vuole sposare?

_____

_____

CPSIA information can be obtained
at www.ICGtesting.com
Printed in the USA
FFOW04n0346130717
37691FF

9 781428 290150